城市轨道交通运营车辆系统岗位培训教材

城市轨道交通工程车检修技术

丛书主编：张 辉 谭文举 柳 林
主　 编：谭文举 王 亮 于 深 唐宇斌
主　 审：张世荣 李 军

中国建筑工业出版社

图书在版编目（CIP）数据

城市轨道交通工程车检修技术/张辉，谭文举，柳林丛书主编；唐宇斌，于深，王亮分册主编.—北京：中国建筑工业出版社，2017.3
城市轨道交通运营车辆系统岗位培训教材
ISBN 978-7-112-20395-6

Ⅰ.①城… Ⅱ.①张… ②谭… ③柳… ④唐… ⑤于… Ⅲ.①城市铁路-工程车-车辆修理-岗位培训-教材 Ⅳ.①U239.5

中国版本图书馆CIP数据核字（2017）第026852号

本书包括4章。分别是工程车车型及检修岗位、工程车基础知识、工程车检修工岗位操作技能、工程车检修工安全生产规章等内容。本书根据城市轨道交通工程车检修工岗位标准和培训规范进行编写。内容丰富，通俗易懂。

本书可作为城市轨道交通运营车辆系统岗位培训考试用书，也可作为运营管理部门、设计部门、科研单位和教育机构的参考书。

责任编辑：胡明安
责任设计：谷有稷
责任校对：李欣慰　党　蕾

城市轨道交通运营车辆系统岗位培训教材
城市轨道交通工程车检修技术
丛书主编：张　辉　谭文举　柳　林
主　　编：谭文举　王　亮　于　深　唐宇斌
主　　审：张世荣　李　军

*

中国建筑工业出版社出版、发行（北京海淀三里河路9号）
各地新华书店、建筑书店经销
霸州市顺浩图文科技发展有限公司制版
环球东方（北京）印务有限公司印刷

*

开本：850×1168毫米　1/32　印张：7⅝　字数：208千字
2017年6月第一版　　2017年6月第一次印刷
定价：25.00元
ISBN 978-7-112-20395-6
（29911）

版权所有　翻印必究
如有印装质量问题，可寄本社退换
（邮政编码 100037）

本书编委会

丛书主编：张　辉　谭文举　柳　林

主　　编：谭文举　王　亮　于　深　唐宇斌

主　　审：张世荣　李　军

编　　委：（排名不分先后）

罗　敏　吕增顺　庞杨明　郭叶星　邓伟健

李燕艳　李　辉　苏海龙　李大洋　张平东

谭睿珂　向伟彬　高大毛　郑仕发　孙拓东

周山君　张保华　张龙瑞　崔海龙　吴全立

肖辉胜　李中涛　李叙良　雷善植　李艾嵘

参编单位：南宁轨道交通集团有限责任公司

中国建筑股份有限公司

序

目前，随着我国城市轨道交通事业的快速发展，城市轨道交通的运营、管理及安全已经摆到了首位。轨道交通系统一旦建成，就必须夜以继日地保持系统的安全和高效运营。城市轨道交通系统设备先进、结构复杂，高新技术应用越来越普及，要保障这样庞大系统的安全和高效，必须依靠与之相协调的高素质的人员。轨道交通行业职工素质的高低直接关系到企业的生存和发展。因此，企业必须拥有一支高素质的技术队伍，培养一批技术过硬、技艺精湛的能工巧匠，才能确保安全生产，提高工作效率，提升非正常情况下的应急应变能力。

岗位培训是人才培养的重要途径，是提高企业核心竞争力的重要手段，而岗位培训需要适合的培训教材，在对国内城市轨道交通行业进行广泛调研的基础上，推出了"城市轨道交通运营车辆系统岗位培训教材"，涉及城市轨道交通标准化作业教程、电客车驾驶、工程车驾驶、工程车检修技术、厂段调度、车辆系统功能与组成、车辆检修技术、设备维修技术、设备操作原理、运营安全管理等内容。

本套教材由南宁轨道交通集团和中国建筑股份有限公司组织从事城市轨道交通建设和运营管理的专家编写。在教材内容方面，力求实用技术和实际操作全面、完整，在注重实际操作的基础上，尽可能将理论问题讲解清楚，并在表达上能够深入浅出。本套丛书不仅是城市轨道交通工程运营专业人员的岗位培训、技能鉴定的培训教材，也可以作为城市轨道交通大中专院校、职业学校学生的教学参考用书。

相信该套培训教材，能在广泛吸收国内、外同行技术与管理经验的基础上，结合国内行业实际情况，为城市轨道交通车辆系统，提供一套完整而系统的参考读物，亦为我国城市轨道交通运营管理的基础理论和实用技术填补空白。

张 辉

前　言

1870年，世界上第一条地铁线路在英国伦敦投入运营，迄今已有130多年的历程。在现代大城市加剧扩张，城市交通状况日益恶化、公路交通越来越拥堵的背景下，为了着力解决城市交通日益恶化的问题，符合社会可持续发展的要求，地铁作为一种典型的城市轨道交通系统，被越来越多的大中城市列进了规划修建计划。随着我国国民经济的不断发展，各大城市的轨道交通建设均进入快速发展期，城市轨道交通以其运能大、能耗低、污染少、速度快、安全、准点的优势，使其成为深受人民欢迎的城市交通工具。北京、上海、深圳、广州、重庆、天津、南京、杭州、南宁、青岛等40多个城市均在加紧进行轨道交通建设。截止到2015年年末，我国城市轨道交通累计通车里程达3286km，累计已有25座城市的112条线路通车运行。根据国家发展改革委已经批复的城市轨道交通项目，以及各地的城市轨道交通建设规划，预计到2020年，我国城市轨道交通通车里程有望达到8500km，比2015年年末增长150%以上，"十三五"期间新增城市轨道交通通车里程更是比"十二五"期间的约1700km增长200%以上。中国已经成为世界上最大的城市轨道交通市场。

城市轨道交通是一个庞大复杂的技术系统，包括了线路、车站、车辆供电、通信、信号、自动售检票、屏蔽门等众多专业，涵盖了土建、机械、电气设备、电子信息、环境控制、运输组织门类等各个系统。城市轨道交通工程车作为专用运输和养护维修设备，已从当初的牵引运输功能单一产品发展成为工程施工牵引、专业施工、专业检测监察、专业养护等多功能系列产品。为了保证城市轨道交通列车安全、正点运行，适应城市轨道交通发展对技能人才队伍建设的需要，对从业人员开展岗位培训及技能训练已成为城市轨道交通行业职业教育的重要任务。

城市轨道交通工程车检修技术是从事城市轨道交通工程车维护、检修的人员，其主要任务是消除工程车各零部件在运用中的损伤，经常保持和不断恢复其工作性能，使工程车保持良好的技术状态，以满足城市轨道交通厂段调车转轨、配合各专业正线施工以及运营期间救援待命等作业的需求。城市轨道交通工程车检修工应能够熟练操作各种检修设备，熟悉检修工艺和检修方法，并具备有一定的分析、判断、推理能力和语言表达能力，较强的事物反应能力和应急处理能力。本书根据城市轨道交通工程车检修工岗位标准和培训规范进行编写，内容涵盖了城市轨道交通工程车检修工5个等级知识和技能要求，全书共分4章。第1章为工程车车型及检修岗位，由于深、吕增顺、庞杨明、李叙良、郭叶星、雷善值、李艾嵘编写。第2章为工程车基础知识，由庞杨明、吕增顺、苏海龙、郭叶星、李艾嵘编写。第3章为工程车检修工岗位操作技能，由吕增顺、于深、郭叶星、苏海龙、雷善值编写。第4章为工程车检修工安全生产规章，由郭叶星、苏海龙、于深、庞杨明、雷善值、李艾嵘编写。本书不仅是城市轨道交通工程车检修工岗位培训、技能鉴定的培训教材，也可以作为城市轨道交通大中专院校、职业学校学生的教学参考用书。

由于编写时间仓促，水平有限，本书在内容和编排上有错误或不当之处，敬请读者批评指正。

编　者

目 录

1 工程车车型及检修岗位 ·············· 1
  1.1 工程车车型分类及功能 ············ 1
  1.2 工程车检修班简介 ················ 5
2 工程车基础知识 ···················· 22
  2.1 岗位基础知识 ···················· 22
    2.1.1 钳工基础知识 ················ 22
    2.1.2 机械传动的工作原理 ·········· 30
    2.1.3 液压传动基础知识 ············ 39
    2.1.4 电工基础 ···················· 99
    2.1.5 常用电工工具的使用方法 ······ 114
  2.2 柴油机的基本知识 ················ 117
    2.2.1 柴油机的定义 ················ 117
    2.2.2 柴油机的类型 ················ 118
    2.2.3 柴油机的主要特点 ············ 119
    2.2.4 四冲程柴油机工作原理 ········ 120
    2.2.5 柴油机的基本结构参数 ········ 123
    2.2.6 柴油机的基本构造 ············ 124
    2.2.7 固定机件构成 ················ 125
    2.2.8 运动部件构成 ················ 132
    2.2.9 配气机构 ···················· 138
    2.2.10 燃油系统的功用及组成 ······· 143
    2.2.11 调速器 ····················· 151

2.3 JZ-7型空气制动机 ………………………………… 152
2.3.1 JZ-7型制动机的特点及参数 ………………… 152
2.3.2 结构性能及作用 ………………………………… 154
2.3.3 JZ-7型机车制动机的综合作用 ………………… 173
2.3.4 使用注意事项 …………………………………… 175
2.3.5 JZ-7型机车制动机的维护 …………………… 176
2.4 DK-1型制动机的特点和组成 ……………………… 182
2.5 轨道车冷却装置综述 ………………………………… 198
2.6 工程车电气系统组成及功能 ……………………… 203
2.6.1 电气系统组成 …………………………………… 203
2.6.2 电气系统使用及维护 …………………………… 205
2.7 机械、液力、电传动基础知识及工作原理 ………… 206
2.7.1 机械传动工程车 ………………………………… 206
2.7.2 液力传动工程车 ………………………………… 214
2.7.3 电传动工程车 …………………………………… 220

3 工程车检修工岗位操作技能 …………………………… 222

3.1 过渡车钩的拆装作业 ………………………………… 222
3.2 JZ-7型空气制动机"七步闸"试验 ………………… 222

4 工程车检修工安全生产规章 …………………………… 227

1 工程车车型及检修岗位

1.1 工程车车型分类及功能

工程车是地铁运营及维护要用到的一种很重要的设备,在许多地铁系统的维护作业中都需要使用工程车,例如:地铁列车、运输车辆及无动力轨道车辆的牵引、调车;隧道内、车辆段内事故车辆救援牵引作业;地铁供电设备施工、维修时工程车作为牵引动力设备;接触网和轨道的检测和维修;接触网上部设备在停电状态下的安装、日常检查保养和维修;轨道信号设备的安装、检修和检测;地铁正线货物运输及地铁工程维修等。

1. 轨道牵引工程车

(1) 轨道牵引车分为:内燃轨道牵引车、蓄电池电力工程牵引车。

内燃轨道牵引车功能(图 1.1-1):

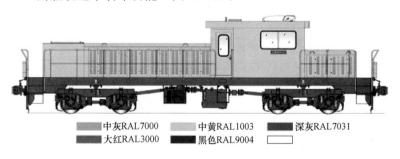

图 1.1-1 内燃轨道牵引车

1) 用于轨道交通车辆的牵引、车辆段调车;

2）用于正线上牵引其他工程车；

3）用于在正线上以最快速度到达需救援地点，牵引无动力的故障电动客车（空车）回段，完成救援作业。

（2）蓄电池电力工程牵引车功能（图1.1-2）：

1）用于轨道交通车辆的牵引、车辆段调车；

2）用于正线上牵引其他工程车；

3）具有牵引事故列车的救援功能；

4）当数控不落轮镟床用公铁两用牵引车发生故障时，用于牵引电动客车实施被镟轮对在机床上的轨向定位，在此工况下，工程车动力源于自配的蓄电池。

图1.1-2 蓄电池电力工程牵引车

2. 维修工程车

维修工程车分为：接触网维修作业车、钢轨打磨车。

（1）接触网维修作业车主要用于轨道交通电气化铁路接触网上部设备的安装、维修及日常检查、保养，并可检测接触网参数，也可兼作牵引、抢修等车辆（图1.1-3）。

■ 中灰RAL7000　■ 中黄RAL1003　■ 深灰RAL7031
■ 大红RAL3000　□

图1.1-3 接触网维修作业车

（2）钢轨打磨车主要用于轨道交通打磨停车场、车辆段、正线、道岔和交叉道的内、外铁轨和轨道廓形和轨道波浪磨耗测量（图 1.1-4）。

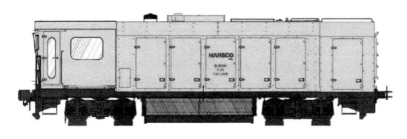

图 1.1-4　钢轨打磨车

3. 检测工程车

检测工程车分为：轨道检测车、接触网检测车。

（1）轨道检测车主要用于轨道交通基本轨道几何测量、钢轨全断面测量、自动定位、钢轨波浪磨耗测量（图 1.1-5）。

（2）接触网检测车主要用于轨道交通接触网检测而研制、开

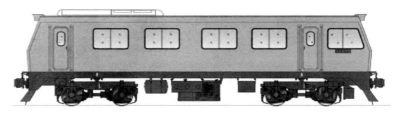

图 1.1-5　轨道检测车

发、设计的线路养护机械。通过对地铁接触网技术参数的检测，为地铁接触网的日常维护、保养提供依据。从而达到保证地铁线路安全运营的目的（图1.1-6）。

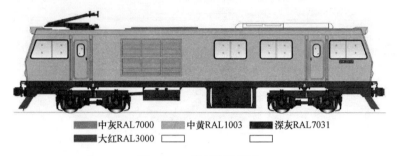

图1.1-6　接触网检测车

4. 工程运输车

工程运输车分为：轨道平车、收轨平车

工程运输车主要用于轨道交通工建部门、通号部门及其他工程部门吊装、运输物料或机具等。

（1）轨道平车（图1.1-7）：

图1.1-7　轨道平车

（2）收轨平车（图1.1-8）：

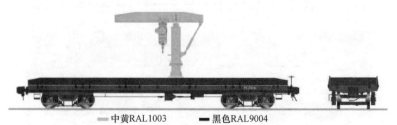

图1.1-8　收轨平车

1.2 工程车检修班简介

工程车检修班主要负责工程车辆的维护保养、计划检修、故障修、新到工程车调试验收等工作。工程车检修工按技术等级分为：高级检修工、中级检修工、初级检修工。在日常的检修中严格执行工程车辆检修作业规程，精检慎修，掌握工程车辆的运行状态，及时发现不正常情况及安全隐患，确保工程车辆安全运行。

1. 工程车检修工岗位职责

在复杂的运输条件下，工程车经过一段时间运用后，不可避免地会出现一些损伤，即各零部件会发生不同程度的磨损、松旷、裂纹、变形或腐蚀；电气装置还会出现断线、接地烧损、绝缘老化或破损。如不及时进行检修，就会加速工程车不正常的磨损或破坏，甚至引起事故，造成重大损失。因此，不仅要提供数量充足的工程车，而且要做好工程车的检修工作，保证良好的技术状态，使城市轨道交通正常运转。

工程车检修工的主要工作就是严格遵守各项规章制度，执行标准化作业流程，按计划、按工艺规程认真完成工程车保养、检修任务及故障处理，消除工程车各零部件在运用中的损伤，经常保持和不断恢复其工作性能，使工程车保持良好的技术状态，以满足城市轨道交通运输的需要。

（1）工程车高级检修工岗位职责

1）按预防为主的思想做好工程车定期的保养、维修，发现问题及时解决。

2）及时完成所负责工程车的故障分析及维修。

3）负责解决班组其他低级别人员不能解决的技术问题，如不能解决，有责任上报班长或分中心技术人员。

4）负责新员工的带教工作并协助工班内其他员工的培训。

5）严格执行各项规章制度，做好安全生产。

6)督促操作者正确使用、精心维护、合理润滑设备及安全操作。有权制止操作者违章作业。

7)检查工程车的安全防护设施是否齐备,解决存在问题,如不能解决应及时向班长或分中心反映。

8)完成班组交办的其他工作。

(2)工程车中级检修工岗位职责

1)按预防为主的思想做好工程车定期的保养、维修,发现问题及时解决。

2)协助高级工完成所负责工程车的故障分析及维修。

3)负责解决初级检修工不能解决的技术问题,如自己也不能解决,有责任上报高级工或班长。

4)协助高级工完成新员工的带教工作并协助工班内其他员工的培训。

5)严格执行各项规章制度,做好安全生产。

6)督促操作者正确使用、精心维护、合理润滑设备及安全操作。有权制止操作者违章作业。

7)检查工程车的安全防护设施是否齐备,解决存在问题,如不能解决应及时向高级工或班长反映。

8)完成班组交办的其他工作。

(3)工程车初级检修工岗位职责

1)按预防为主的思想做好工程车定期的保养、维修,发现问题及时上报。

2)协助完成工程车的故障分析及维修。

3)严格执行各项规章制度,做好安全生产。

4)有权制止操作者违章作业。

5)检查工程车的安全防护设施是否齐备,解决存在问题,如不能解决应及时上报。

6)完成班组交办的其他工作。

2. 工程车检修工作要求及内容

城市轨道交通行业中,主要的工程车辆包括有轨道(牵引)

工程车、接触网检测车、轨道检测车、接触网作业车、钢轨打磨车、轨道平车、收轨平车等。各类工程车在外观和内部结构上虽有差异，但一般是由柴油机系统、传动系统、制动系统、走行部、车体、液压系统及电气系统等组成，工程车检修工作应坚持"精简慎修，修养并重，预防修理为主"的方针。工程车检修人员应认真做好工程车检修工作，积极研究提高工程车检修质量，为改进新造工程车工艺，为工程车安全运用与维修提供可靠依据。针对目前工程车现状，工程车检修主要有以下几个重点内容：

（1）完善工程车故障修处理程序，统计分析故障原因，找出故障风险源点，提出改进措施，作为制定修理制度，是组织工程车修理和选择合理修理工艺的依据。

（2）制定正确的修理制度，确定各种检修修程、检修周期、检修系统项目，正确及时的完成定期维修、故障修理的保养工作，为工程车的安全运营提供技术支持。

（3）不断提高检修技能，合理的采用科学新技术、新工艺、新材料，以便于提高工程车检修质量，节约成本，提高经济效益。

（4）合理规定工程车修理技术条件和质量要求，积极开展工程车技术实践研究，推行新机制，以保证工程车检修高质量、高标准、严要求的服务于安全生产中。

（5）针对各种故障部件材质原理，积极向工程车制造商提供优化方案和改进措施。

（6）工程车的检修工作就是对工程车及其零部件的损伤规律进行系统的研究和分析，找出损伤原因，制定合理的修理制度、确定各种车型及相关系统的修程、修理周期和修理范围，正确组织工程车的日常维护、保养和定期的检查修理，选择先进的修理方法，不断采用新技术、新材料和新工艺，以提高工程车的检修质量缩短工程车在修停时间，节约修车成本，提高运输经济效益。

3. 工程车检修流程

工程车检修作业标准流程。

分系统按流程、先车上后车下、先机械后电气、先静态后动态、先两侧后中间。

（1）工程车柴油机系统检修作业流程（图1.2-1）。

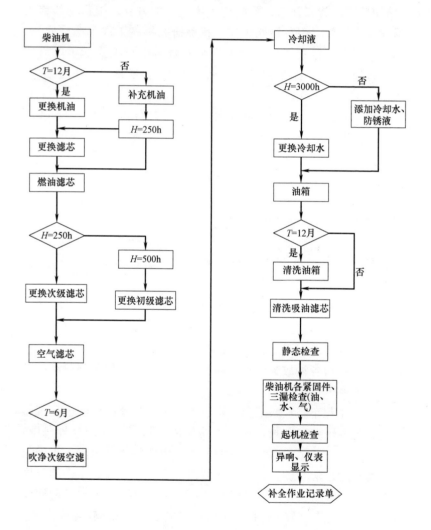

图1.2-1　工程车柴油机系统检修作业流程

(2) 工程车电气系统检修作业流程（图 1.2-2）。

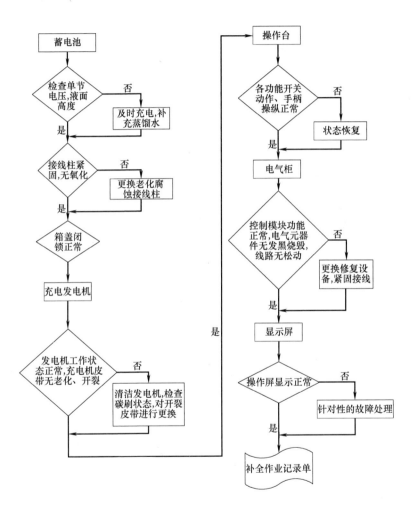

图 1.2-2 工程车电气系统检修作业流程

(3) 工程车制动系统检修作业流程（图 1.2-3）。

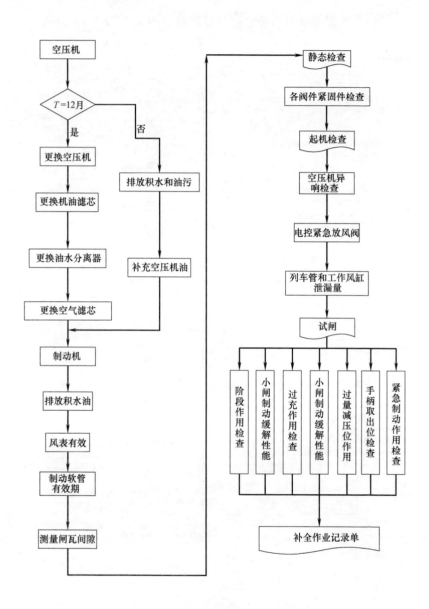

图 1.2-3　工程车制动系统检修作业流程

（4）工程车传动及走行系统检修作业流程（图 1.2-4）

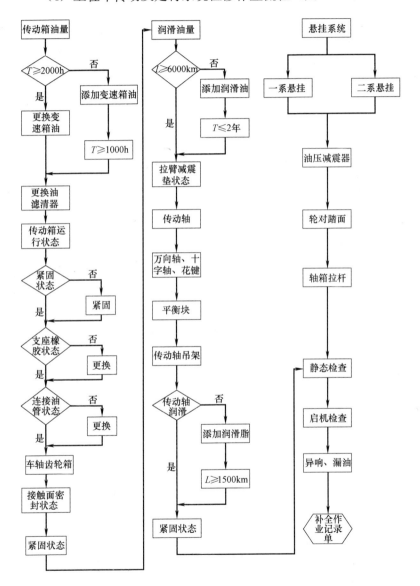

图 1.2-4　工程车传动及走行系统检修作业流程

(5) 工程车辅助系统检修作业流程（图1.2-5）

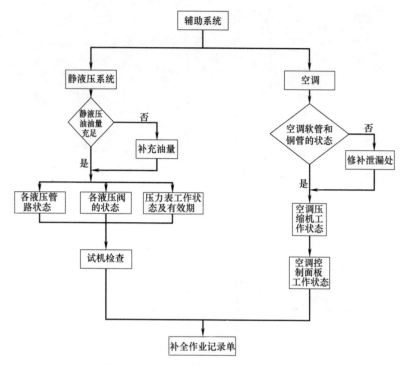

图1.2-5　工程车辅助系统检修作业流程

(6) 工程车车体车架系统检修作业流程（图1.2-6）

4. 工程车维修分类

(1) 工程车临时维修作业流程

1) 工程车临时维修流程（图1.2-7）。

2) 临时性报活

① 工程车司机检查发现工程车有故障时，应认真填好《工程车临时修理报活单》（以下简称报活单）一式两份（紧急情况时可先维修后补单），列明故障部位、故障现象及情况、报活人姓名、联系电话、报活时间、工程车停放位置等。及时通知车厂调度员报活确认，然后由车厂调度员及时通知设备分中心检修

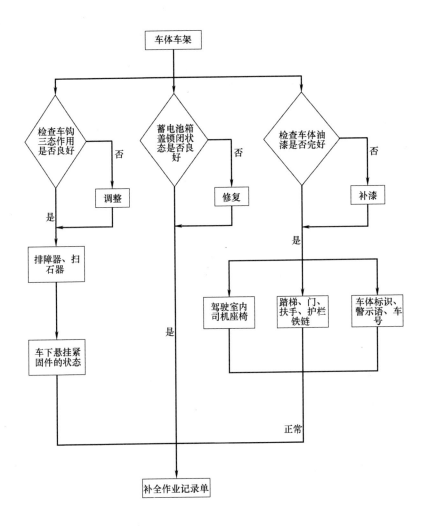

图 1.2-6 工程车车体车架系统检修作业流程

调度。

② 此项工作由工程车司机负责完成。

3）报活通报

设备分中心检修调度接到报活后，应立即通知负责班组班长、值班人员、技术员和经理；技术员根据报活现象分析故障大小，对较大故障或可能影响工程车使用计划的报活应及时通知分中心经理和设备分中心检修调度等人员。

4）向车厂调度或行调请示

① 分中心设备检修调度、工程车班班长或值班人员接到报活后，在工作时间内的报活应立即赶到现场，取回司机填写的《报活单》一式两份，并根据报活单的情况同司机一起确认故障。

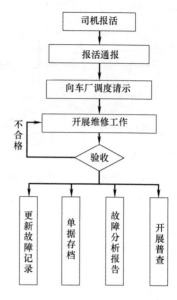

图 1.2-7 工程车临时维修流程

如故障小，现场可以维修且不影响运营和安全的，工程车检修班班长或值班人员应立即向设备分中心检修调度汇报，设备分中心检修调度向车厂调度或行调申请，经车厂调度或行调同意后安排人员到现场进行修复工作，减少对工程车运用的影响。

② 在非工作时间内的报活分两种情况，如故障没及时修复会影响安全运营的，设备分中心检修调度应立即安排人员到现场进行修复并回复车厂调度或行调；如故障不会影响安全运营的，可顺延到下一个工作日上班后取回《报活单》，并开展维修工作。情况的具体判定和有关事情由工程车检修班班长或值班人员同司机共同确认，汇报设备分中心检修调度，设备分中心检修调度向车厂调度或行调申请后安排相应工作。

5）临时性维修

① 工程车检修班班长或值班人员在组织人员维修时应指定作业负责人。如故障较小，能够现场修复的，同车厂调度沟通一

致后携带工具现场维修。

② 如遇故障大，现场无法修复或维修影响安全运营的，由工程检修班班长或值班人员填写《工程车检修扣/交车联系单》（以下简称联系单）一式三份，交车厂调度员处进行扣车维修，蓝色（扣车单）由车厂调度员留档，白色和红色由扣车人带回，如果车厂调度因为工程车运用、股道等问题决定该车不能扣修，须在《联系单》上写明原因，并交回给工程车检修班保存。同意扣修的，由车厂调度安排工程车司机将扣修的工程车送进指定轨道并由司机垫好铁鞋、做好防护。工程车检修班班长或值班人员接车后确认车辆铁鞋、停车制动等防护措施后及时挂好严禁动车牌，工程车检修人员在检修过程中不得擅自移动破坏铁鞋等安全防护措施。

③ 如遇故障大或配件供应原因，确实当天或较长时间不能修复交车的，工程车检修班长或技术员汇报设备分中心检修调度，设备分中心检修调度必须于当天16：00前通知车厂调度，抄送分中心分管技术员、工班长、经理，并写明无法交车的原因。如果当天晚上有施工/检修作业需要使用此车时，车厂调度员应及时通知相关作业部门换车或建议取消该项作业。

④ 班长或值班人员在安排人员进行检修的时候，若出现需要工程车进行动车试验的情况，应由作业负责人通知车厂调度申报试车计划，由车厂调度安排工程车司机驾驶，检修人员做好配合工作，其他任何人不得擅自驾驶工程车，如无法解决的故障可向技术组请求技术支持，配合技术人员共同解决故障。

⑤ 此项工作由工程车检修班负责完成。

6）验收

① 工程车临时维修实行记名修制度，检修人员检修完毕作业人自己检查验收合格后，由检修负责人进行第二次验收，合格后填写《报活单》，写明故障的原因和修理情况并签名，然后通知车厂调度员告知检修完毕，要求司机验车，由车厂调度通知当班司机验收。

② 工程车司机认真核对检修人员填写的《报活单》，并根据报活单对检修内容进行第三次验收，交车（检修）人员应负责做好司机验车的配合工作。验收人员在验车时，务必认真负责，精心验收，不得无故不予接车，验收合格后在《报活单》上签名，注明验交时间。不合格的应返工直至合格为止。验收合格后，由验收司机通知车厂调度员验收合格。

③ 此项工作由工程车检修班和工程车司机负责完成。

7）交车

① 当所有检修工作完成后，如工程车原地现场检修的，由作业负责人通知车厂调度交车，《报活单》一式两份，白色一份由工程车班存档，黄色一份由报活部门存档，由验收司机带回。

② 如扣车转轨检修的由工程车检修班班长或值班人员填写《联系单》一式两份（白色和红色）交车厂调度员处交车；红色（交车单）由车厂调度留档，白色由扣车人带回工程车检修班存档，如果车厂调度因为特殊原因决定暂时不能交车时，须在《联系单》上写明原因，并交回给工程车班检修保存。《报活单》一式两份，白色一份由工程车检修班存档，黄色一份由报活部门存档，由验收司机带回。

③ 此项工作由工程车检修班和工程车司机班负责完成。

8）交车后工作

① 工程车班检修班长或作业负责人对《报活单》和《联系单》进行认真核对，发现有错误时及时更新，更新后的报活信息更新至分中心故障统计表。

② 核对后的《报活单》和《联系单》交技术人员保存在分中心资料室，以备查阅。

③ 技术组技术人员应及时分析故障原因，对较大故障及时编写分析报告，并决定是否对其他部件或车辆开展普查工作。

④ 技术组技术人员应定期统计工程车的临修情况，并召集工程车检修班检修人员开展"临修分析会"，让大家受到教育，做好工程车检修工作。

⑤ 此项工作由工程车检修班和技术组负责完成。

(2) 工程车计划维修业务流程

1) 工程车计划维修流程（图1.2-8）。

2) 编制检修计划

① 工程车的检修计划分为年度计划、月度扣修计划。

② 分中心技术组在每年七月份编制下一年度的工程车年度检修计划，作为月计划、月度扣修计划编制的依据。

③ 分中心生产调度根据工程车的年度检修计划编制月度计划、月度扣修计划。生产调度编制月度计划、月度扣修计划后，交付安全生产助理审批。通过审批后在每月12日交付部门审批。

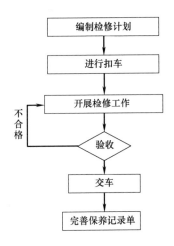

图1.2-8 工程车计划维修流程

月度扣修计划每月8日前提交部门，部门通过审批后提交生产调控部下发到车务中心和维修中心。

④ 部门下发工程车月度检修计划后，分中心生产调度在每月1日前下发工程车月度检修计划，由班组执行工程车月度检修计划。

⑤ 此项工作由分中心生产调度和技术组负责完成。

3) 根据检修计划进行计划扣修

① 工程车班班长或值班人员严格按照月度检修计划扣车保养，每次实施检修作业前一天由扣车人填写《工程车定期检修扣/交车联系单》（以下简称联系单）一式三份，该单应写明确计划保养、维修项目及内容，计划交车日期，送车股道或原地维修，负责人及联系电话。扣车人认真核对填写的内容后，提交工班长或代管班长审批《工程车定期检修扣/交车联系单》，通过审批后工班长或代理班长签名确认，提交分中心生产调度或代理调

度审批《工程车定期检修扣/交车联系单》，通过审批后分中心生产调度或代理调度签名确认。扣车人员于当天14：00前提交《工程车定期检修扣/交车联系单》车厂调度审批，蓝色（扣车单）由车厂调度留档，白色和红色由扣车人带回，车厂调度接到《工程车定期检修扣/交车联系单》后，应对《工程车定期检修扣/交车联系单》进行审批，若有问题，应及时与相关部门协商，并在《工程车定期检修扣/交车联系单》上注明原因，并交回给工程车班保存。

② 由车厂调度安排工程车司机将扣修的工程车送进指定轨道并由司机垫好铁鞋、做好防护。若工程车司机发现工程车有故障或有其他需要维修人员注意的事情，可同时填好《工程车临时修理报活单》一式两份，向工程车班班长或值班人员报活。

③ 工程车班班长或值班人员接车后及时挂好检修安全牌/禁动牌，工程车检修人员在检修过程中不得擅自移动破坏铁鞋等安全防护措施。工程车班班长或值班人员向技术人员领取检修作业单，认真核对需要检修的内容和部位。

④ 班长在扣修期内每天安排检修人员进行检修作业。检修过程中发现需要驾驶工程车进行动车试验检查的，应由工程车班班长或值班人员通知车厂调度申报试车计划，由车厂调度安排工程车司机驾驶，检修人员做好配合工作，其他任何人不得擅自驾驶工程车。

⑤ 检修人员按检修作业单内容认真检修，检修完后认真填写检修作业单。

⑥ 此项工作由工程车班负责完成。

4）验收

① 工程车计划检修实行三级验收制度和记名修制度。三级验收制度即检修者检修完毕后自己验收（自检），合格后由互检人员第二次验收（互检），最后由工班长/技师/技术人员开展第三次验收（他检）。互检人员的复检工作可根据作业实际情况在一次检修当时完成，他检项目以质量关键点为主，互检、他检项

目根据检修规程开展，并记录于检修作业单。

② 工程车计划检修实行记名修制度，工程车的计划检修以检修作业单作为唯一标准，每一次检修由技术人员按检修规程下达相应的检修作业单，检修者个人严格按作业单的每一项内容进行检修，检修完自己复检合格后在每一项的签名栏中签名，当所有的内容都作完后，通知工班长验收，当工班长验收发现没有漏检漏修且各项检修都按标准完成合格时，在作业单的最后签上自己的名字，然后通知技术人员验收，当技术人员发现没有漏检漏修且各项检修都按标准完成合格时，在作业单的最后签上自己的名字。当发现检修者没按作业单要求作业或检修不合格时，应返工直至合格为止。

③ 当检修者发现某部件需维修但检修作业单中无该项时，可在检修作业单的超修栏注明检修情况并签名。

④ 此项工作由技术组和工程车班负责完成。

5）交车

① 凡属工程车的计划扣修，工程车班维修人员必须按计划在指定日期完成工程车的维修工作，不得无故延长扣修或修理时间，当所有检修工作完成后，由工程车班班长或值班人员填写《联系单》一式两份（白色和红色），交车厂调度处通知车厂调度交车，如果车厂调度因为特殊原因决定暂时不能交车时，须在《联系单》上写明原因，不管同意交车否，车厂调度签署意见后《联系单》一式两份（白色和红色）由交车人带回工程车班保存。

② 车厂调度通知司机或以上人员到检修现场验收，交车人员应负责做好验车配合工作，向验车司机提供检修作业单并简单阐述检修过程和要点，验车司机根据检修作业单和验车标准进行逐项验收、试验。验收人员在验车时，必须认真负责，精心验收，但不得无故不予接车。验收人员验收合格后在《联系单》一式两份（白色和红色）上签名，并注明验交时间。验收不合格项目应及时通知维修人员返修，并报告车厂调度员。

③ 验车司机认为必须经过动车驾驶试验确认良好后方可交

车的，由验车司机向车厂调度申报试车计划，检修人员做好配合工作。

④ 验收合格后由车厂调度安排工程车司机把车接回指定地方，《联系单》一式两份，白色一份由工程车班存档，红色一份由车务部乘务室存档，由验收司机带回。

⑤ 此项工作由工程车班和车务部乘务室负责完成。

6）更新保存维修记录

① 工程车班班长和技术人员对该次定期检修检修人员所填检修作业单进行认真核对，发现检修作业单有错误时及时更正，检修作业单交技术人员保存在分中心资料室，以备查阅。

② 工程车检修规程和检修作业单作为计划检修的依据，随着工程车应用时间的推移要不断地完善和更新，以适应工程车检修的需要，每年的十一月份工程车技术人员应组织工程车班人员对检修规程和作业单进行一次认真核对的"对规"工作，发现需要修改的应及时更改，并通知部门的 ISO 管理员更新版本。

此项工作由工程车班和技术组负责完成。

5. 各种工程车检修修程的定义

城市轨道交通工程车检修修程一般由：月检、季检、半年检、年检、一级保养、二级保养、年检保养、三级检修制度。

（1）月检：指工程车辆在运行到一定公里数或时间后对工程车辆进行的一般性维护保养。

（2）季检：指车辆在运行到一定公里数或时间后对车辆进行的一般性检查、维护保养以及大部件清洁。

（3）半年检：指工程车辆在运行到一定公里数或时间后对工程车辆进行的一般性检查、维护保养以及大部件清洁，同时对不常使用的车载设备和应急装置进行检查，它是以全面检查、调整、紧固、润滑及排除不正常状态为内容的检查工作。

（4）年检：指工程车辆在运行到一定公里数或时间后对工程车辆进行的较全面的维护保养，主要包括：一般性检查、维护保养、数据测量、各齿轮箱的开箱检查、各种油料的更换等，它是以全面检查、调整、紧固、润滑、更换及排除不正常状态为内容的检查工作。

（5）一级保养：指工程车在运行到1个月或者1800km对工程车进行的一般性维护保养。

（6）二级保养：指工程车在运行到3个月或者5800km对工程车进行的较全面的维护保养。

（7）年检保养：指工程车在运行到12个月或者12000km对工程车进行的全面的维护保养。它是以全面检查、调整、紧固、润滑及排除不正常状态为内容的检查工作。

（8）三级检修制度：指工程车辆检修内容按重要程度划分为"自检"、"互检"和"他检"的三级检修作业制度。

2 工程车基础知识

2.1 岗位基础知识

2.1.1 钳工基础知识

1. 钢尺的种类及钢板尺的使用方法

(1) 钢尺的种类

常用的钢尺，从形式上看有钢板尺（钢直尺）、盒尺（卷尺），它们的刻线有公制和英制两种。从长度上看，钢板尺有 150mm、300mm、500mm、1000mm、1500mm、2000mm 六种规格；盒尺有 50m、30m、20m、15m、10m、5m 等，常用的多为 1m 及 2m。尺寸的最小刻度为 0.5mm，对 0.5mm 以下的尺寸就要使用游标卡尺、千分尺等有副尺的量具来测量。

(2) 钢板尺

钢板尺必须经常保持良好的状态，不能损伤或弯曲，尺的端边和长边应相互垂直。钢板尺的使用方法，应根据零件的形状灵活掌握。例如：测量方形零件时，要注意使钢板尺和零件的一边垂直，和零件的另一边平行；测量圆形零件的长度时，要使钢板尺和圆柱的中心轴线相平行；测量圆形零件顶端的外径和孔径时，要用尺靠着零件一面的边线来回摆动，直到获得最大的尺寸，才是直径的尺寸。

2. 内/外卡钳

调整卡钳的开度时，先用两手作大致调整，到开度接近需要的大小后，用轻轻敲击两脚的办法，细心进行调节。外卡钳是用于测量工作面外径的，其使用方法是使工件与卡钳成直角状态，用中指挑着股部叉处，并用大拇指支持卡钳。测量的松紧程度在不加外力，以卡钳自重从工件上滑下去情况为宜，但也应结合机件的大小来决定。外卡钳所测得的尺寸须在钢尺上校量后才能知道。从钢尺上量取尺寸时，应将卡钳的一脚靠在钢尺的端面上，另一端顺着钢尺边缘平行地置于尺面上，并用眼睛正对钳口所指刻线看过去，才能读得正确尺寸。

内卡钳是用于测量工件内径的。用内卡钳测量零件内孔时，应先把卡钳的一脚靠在孔壁上作为支承点，然后用另一卡脚前后左右摆动进行探试，以便获得接近孔径的最大尺寸。用内卡尺从钢尺上量取尺寸的方法，先将钢尺一端靠在很平的平面上，然后将内卡钳的一个卡脚靠在平面上，观察另一个卡脚在钢尺刻线上的位置，即可读出正确尺寸。

使用卡钳时应注意的事项：

（1）调节卡钳的开度时，应轻敲卡脚，不应敲击钳口，因为两钳口是工作面，不能损伤。

（2）检验零件时，不能将外卡钳用力压下，也不能把内卡钳使劲塞入孔内，否则将会使卡钳两脚扭动，得不到准确尺寸。

（3）定好尺寸的卡钳，不要乱放。

（4）检验或测量零件时，卡钳必须放正，如果歪斜，测量出来的尺寸就不正确。

（5）不能在旋转的零件上测量尺寸，因为这样做会使钳口磨损，不易量出正确尺寸，甚至会引起其他事故。

3. 游标卡尺

游标卡尺的刻度有公制、英制两种。我们目前常用的为公制游标卡尺，按测量范围有 0～125mm、0～150mm、0～200mm、0～300mm、0～500mm、0～1000mm 等几种。按精度分有 0.02mm、0.05mm 及 0.1mm 3 种。

常见的游标卡尺的结构由主尺、副尺及卡脚等组成。固定卡脚与主尺制成一整体，而活动卡脚则与副尺（游标尺）制成一整体，并可在主尺上滑动。主尺上的刻度，每格为 1mm；副尺上的刻度，每格不足 1mm。当两个卡脚合拢时，主、副尺上的零线应相重合；在两卡脚分开时，主、副刻线即相对错动。测量时，根据主、副尺错动的情况，即可在主尺上读出整数，在副尺上读出小数。为了使测好的尺寸不至变动，可拧紧紧固螺钉，使副尺不再滑动。但再次测量时，要注意松开螺钉。

(1) 游标卡尺的刻线原理与读法

现以 0.02mm 游标卡尺为例说明：主尺上的刻度每小格是 1mm，每大格是 10mm。副尺上的刻线总长为 49mm，等分为 50 格，因此副尺上每格为 $49/50$mm$=0.98$mm。副尺的 1 小格与主尺的 1 小格相差为：$(1\sim 49/50)=0.02$mm，所以测量精度为 0.02mm。

用游标卡尺测量工作时，读数方法分三个步骤：

1) 读出副尺上零线左面主尺的毫米数。

2) 读出副尺上哪一条线与主尺刻线对齐（第一条零线不算，第二条起每格算 0.02mm）。

3) 把主尺和副尺上的尺寸加起来即为测得尺寸。

(2) 游标卡尺的使用方法及注意事项使用游标卡尺时，应注意以下几点：

1) 使用前要对卡尺进行细致检查。擦干净卡脚，检查测量面是否平直，然后将两卡脚密贴，检查贴合处有无明显间隙和漏光现象，主、副尺零线是否对齐，副尺是否活动自如。

2) 被测量的零件表面不应有毛刺、损伤等缺陷，否则会测量不准确。

3) 在副尺上读取数值时，应把卡尺拿平朝向亮光，使视线尽可能地和尺上所读的刻度平行，以免因视线歪斜造成读数的误差。为了减少读数的误差，最好在零件的同一位置上多测量几次，取它的平均读数值。

4) 测量零件外部尺寸时，先把零件放至两个张开的卡脚内，贴靠在固定卡脚上。然后用轻微的压力，把活动卡脚推过去（指没有调节螺母的卡尺）。当两个卡脚的测量面已与零件表面紧靠时，即可由卡尺上读出零件的尺寸。

5）在测量零件内部尺寸时，要使两卡脚的测量刃口距离小于所测量的孔或槽的尺寸，然后慢慢地使活动卡脚向外分开，当两个测量刃口都与零件表面相接触后，须把紧固螺钉拧紧再取出卡尺，读取数值。从孔内或槽取出卡脚时，要顺着内壁滑出，不可歪斜。否则，会使卡脚扭伤变形和造成不必要的磨损，同时还容易使已经固定好的游标框移动位置，影响读数的准确性。

6）在测量零件外径、孔径或沟槽时，卡脚要放正，不能歪斜。应当在垂直于零件轴线的平面内进行测量，否则就不准确。

7）用大卡尺测量大零件时，须用两手拿住卡尺。

8）如果用带有测深杆的游标卡尺测量零件深度时，卡尺要与零件孔（或槽）的顶平面保持垂直，再向下移动滑动卡脚，使测深杆和孔（或槽）底部轻轻接触，然后拧紧紧固螺钉，取出卡尺读取数值。

4. 锉刀

（1）不准用无柄或破柄的锉刀进行锉削，防止伤手。

（2）不得用新锉刀锉硬金属，铸、锻件上的残存砂粒和氧化硬皮，要先用砂轮磨掉后才能锉削。

（3）锉刀应先用一面，待用钝后再用另一面。因为用过的锉刀易锈蚀，两面同时用，总的使用时间会缩短。

（4）锉削中不得用手摸锉削表面，以免锉削时打滑。锉刀严禁接触油类，粘着油脂的锉刀一定用煤油清洗干净，涂上白粉。

（5）锉刀放置时不能重叠堆放，不能与其他金属硬物相碰，以免损坏锉齿。

（6）锉刀每次用完都应用铜刷顺锉纹方向刷去残留锉屑，不得用嘴吹铁屑，防止铁屑飞进眼里。

（7）不能用锉刀当手锤或撬杠使用，避免损坏伤人。

5. 锯条、锯路

为了减少锯缝两侧面对锯条的摩擦阻力，避免锯条被夹住或折断。锯条在制造时，使锯齿按一定规律左右错开，排列成一定形状称为锯路。锯路有交叉形和波浪形等，锯条有了锯路以后，使工件的锯缝宽度大于锯条背部的厚度，从而防止了"夹锯"和锯条过热，并减少锯条的磨损。

锯削时，右手握住锯柄，左手握住锯弓的前上部。起锯时，速度要慢，用力不要过大；推锯时，锯齿起切削作用，要加以适当的压力。锯削硬性材料时，因不易切入，压力应大些，防止产生打滑现象；锯削软性材料时，压力应小些，防止产生咬住现象。但在向回拉锯时，不仅不需要压力，还要把锯弓稍稍抬起，以减少锯齿的磨损。当工件快锯断时，要用手扶住悬在虎钳外的一段，以免工件落下伤人或摔坏工件。

6. 钻床

常用的钻床有台式钻床、立式钻床、摇臂钻床、手电钻等。钻床的加工类型有钻孔、扩孔、攻螺纹和锪孔等。在钻床上工作时，刀具一边旋转，一边轴向移动，而工件固定不动。钻孔为孔的粗加工，为了获得精度较高的孔，钻孔后还可以进一步进行扩孔、铰孔和磨孔等。

（1）手电钻操作简单，携带方便，使用灵活，常用在不便于使用钻床的地方。手电钻有单相手电钻（电压为 220V）和三相手电钻（电压为 380V）。

（2）手电钻使用时应注意的安全事项：使用手电钻必须注意安全。工作前必须检查接地线是否正常，电线是否完好。工作时，要戴绝缘手套、穿胶鞋或站在绝缘板上。手电钻是靠操作者体力压着进给的，为减轻体力消耗，钻头必须磨得很锋利。手电钻有一定的负荷量，钻孔时用力不宜过猛，发现手电钻转速降低时应减轻压力。遇到手电钻突然停转时，要及时切断电源，查明原因。移动手电钻时，必须握持手电钻手柄，严禁拉电源线拖动手电钻，防止擦破软线或电线接头脱落，造成触电事故。

7. 台虎钳

（1）安装台虎钳时，必须使固定钳身的钳口工作面处于钳台的边缘之外，以便在夹持长工件时，工件的下端不会受到钳台边缘的阻碍。其高度应使虎钳口上面与工作者肘部为一水平。钳口必须互相吻合且须有良好的齿纹。

（2）必须把台虎钳牢固地固定在钳台上，工作时两个夹紧螺钉必须扳紧，保证钳身没有松动现象，以免损坏台虎钳和影响加工质量。

（3）夹紧工件时，只允许用手的力量扳紧手柄，不能用手锤敲击手柄或套上长管子扳手柄，以免丝杆、螺母或钳身因受力过大而损坏。

（4）强力作业时，应尽量使力量朝向固定钳身，否则丝杆和螺母会因受到过大的力而损坏。

（5）不要在活动钳身的光滑平面上进行敲击作业，以免降低活动钳身与固定钳身的配合性能。

（6）丝杆、螺母和其他相对运动表面应经常加润滑油，并注意保持清洁。

8. 扭矩扳手

扭矩扳手也叫力矩扳手或扭力扳手。力矩就是力和力臂的乘积，在紧固螺栓螺母等螺纹紧固件时需要控制施加的力矩大小，以保证螺纹紧固，且不至于因力矩过大破坏螺纹或力矩过小导致螺栓松动。

扭矩扳手分为预置式、定值式两种：

（1）预置式扭矩扳手是指扭矩的预紧值是可调的，使用者根据需要进行调整，使用扳手前，先将需要的实际拧紧扭矩值预置到扳手上，当拧紧螺纹紧固件时，若实际扭矩与预紧扭矩值相等时，扳手发出"咔嗒"报警响声，此时立即停止扳动，释放后扳手自动为下一次自动设定预紧扭矩值。扭矩扳手手柄上的窗口内有标尺，显示扭矩值的大小，外有标准线。当标尺上的线与标准线对齐时，该点的扭矩值代表当前的扭矩预紧值。设定预紧扭矩值的方法是，先松开扭矩扳手尾部的尾盖，然后旋转扳手尾部手轮。管内标尺随之移动，将标尺的刻线与管壳窗口上的标准线对齐。

(2) 定值式扭矩扳手其扭矩值是固定的，可以根据需要选择使用。

9. 砂轮机

(1) 戴好防护眼镜。

(2) 砂轮的旋转方向应正确，以使磨屑向下方飞离砂轮。

(3) 砂轮机启动后，应先观察运转情况，待转速正常后方可进行磨削。

(4) 禁止两人同时使用一个砂轮。

(5) 磨削时，工作者应站在砂轮的侧面或斜位置，不要站在砂轮的正面。

(6) 砂轮与夹盘同样大小时，禁止使用。

(7) 磨削时不要使工件或刀具对砂轮施加过大的压力或撞击，以免砂轮碎裂。

(8) 保持砂轮表面平整，发现砂轮表面严重跳动，应及时修整。

(9) 砂轮机的托架与砂轮之间的距离应保持在 3mm 以内，以免使磨削工件轧入而发生砂轮破裂的现象。

(10) 检查砂轮有无裂纹，两端螺母是否锁紧。

10. 塞尺

塞尺也叫做厚薄规或间隙规。它是用来检验两结合面之间间隙的一种精密量具。它的工作尺寸一般为 0.02～0.1mm，中间每片相隔为 0.01mm，厚度为 0.1～1mm 的，中间每片相隔 0.05mm。使用塞尺检验间隙时，要先用较薄的试塞、逐步加厚，组合数片进行测定。因为塞尺很薄，容易折断、生锈，使用时应细心。用完后要马上擦干净，并及时合进夹板里面去。

11. 千分尺

(1) 千分尺是一种精度比游标卡尺高的精密量具。它的测量精度为 0.01mm。按照用途的不同，常用的为外径千分尺及内径千分尺两种。

1) 外径千分尺用来测量零件的外径长度和厚度等；

2)内径千分尺用来测量零件的孔径和内槽等。

(2)千分尺的使用方法

1)千分尺在使用前要擦净测量面,并转动棘轮,使两测量面接触检查有无间隙,套管刻线是否对准零位,如没有对准,须加调整。

2)在测量前,要把零件的毛刺去掉并擦拭干净。

3)在测量时,最好用双手来运用千分尺,在两测量面将要接近零件表面时,就不要再直接旋转活动套管而要旋转棘轮。当棘轮发出"卡、卡"声音时,就表示两测量面已和零件表面接触,可以读出尺寸(读取尺寸时,如没有必要最好不要取下千分尺,以防磨损,失去精度)。在读尺寸时,要防止在固定套管上多读或少读 0.3mm。

4)测量时,千分尺的刻轴中心线要跟零件的被测长度方向相互平行,不要歪斜。

5)当测量小型零件必须使用左手握着零件进行测量时,可用右手单独操作。

6)测量较大型零件时,要把零件适当安放后,再进行测量。

7)如用千分尺测量正在旋转着的零件时,须等零件转动完全停止后,才能进行测量。

8)使用内径千分尺时,要在被量零件孔内,用一只手抵住固定端,用另一只手作上下前后摆动,以获得接近孔径的最大尺寸。WI量较大的内孔时,应在三个不同的位置上进行测量,即使是在每个位置上,还须在不同的方位上检验 2~3 次。

12. 量具

量具的使用和保养直接关系着它的寿命和测量精度。因此,在使用保管量具时,必须做到以下几点:

(1)量具在使用前后,必须用清洁棉纱擦干净。

(2)不准在机器开动时用量具测量工件。

(3)测量时,不能用力过大或推力过猛。

(4)不用精度量具测量粗糙毛坯和生锈的工件。

(5) 精密量具不能测量温度过高的工件。

(6) 量具的清洗与注油不能使用脏油。

(7) 不要用手摸量具的测量面，因为手上有汗、潮湿等脏物会污染测量面，使它锈蚀。

(8) 量具不许和其他工具混放在一起，以免碰伤。

(9) 量具的存放地点要求清洁、干燥、无振动、无腐蚀性气体。不要把量具放在高温或低温处，也不要把量具放在磁场旁，以免被磁化后造成测量误差。

(10) 普通量具用完后，应有条理地放在柜中或木架的固定地方。

(11) 精密量具用完后，应擦净、涂油，放在专用的盒子内。

(12) 一切量具应严防受潮，以免生锈。

2.1.2 机械传动的工作原理

1. 带传动

带传动由主动带轮 1、从动带轮 2 和挠性带 3 组成，借助带与带轮之间的摩擦或啮合，将主动轮 1 的运动传给从动轮 2，如图 2.1-1 所示。

(1) 带传动的类型 根据工作原理不同，带传动可分为摩擦带传动和啮合带传动两类。

1) 摩擦带传动

摩擦带传动是依靠带与带轮之间的摩擦力传递运动的。按带的横截面形状不同可分为 4 种类型，如图 2.1-2 所示。

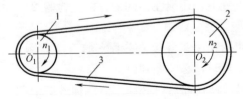

图 2.1-1 带传动示意图

1—主动带轮；2—从动带轮；3—挠性带

平带传动。平带的横截面为扁平矩形，如图 2.1-2 (a)，内表面与轮缘接触为工作面。常用的平带有普通平带（胶帆布带）、皮革平带和棉布带等，在高速传动中常使用麻织带和丝织带。其中以普通平带应用最广。平带可适用于平行轴交叉传动和交错轴的半交叉传动。

V带传动。V带的横截面为梯形，两侧面为工作面，如图2.1-2（b），工作时V带与带轮槽两侧面接触，在同样压力FQ的作用下，V带传动的摩擦力约为平带传动的三倍，故能传递较大的载荷。

多楔带传动。多楔带是若干V带的组合，如图2.1-2（c），可避免多根V带长度不等，传力不均的缺点。

圆形带传动。横截面为圆形，如图2.1-2（d），常用皮革或棉绳制成，只用于小功率传动。

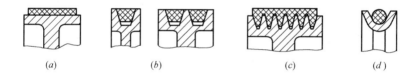

（a）　　　　　（b）　　　　　（c）　　　　　（d）

图2.1-2　带传动的类型

（a）平带传动；（b）V带传动；（c）多楔带传动；（d）圆形带传动

2）啮合带传动

啮合带传动依靠带轮上的齿与带上的齿或孔啮合传递运动。啮合带传动有两种类型，如图2.1-3所示。同步带传动。利用带的齿与带轮上的齿相啮合传递运动和动力，带与带轮间为啮合传动没有相对滑动，可保持主、从动轮线速度同步，如图2.1-3（a）。齿孔带传动。带上的孔与轮上的齿相啮合，同样可避免带与带轮之间的相对滑动，使主、从动轮保持同步运动，如图2.1-3（b）。

（2）带传动的特点　摩擦带传动具有以下特点：

1）结构简单，适宜用于两轴中心距较大的场合。

2）胶带富有弹性，能缓冲吸振，传动平稳无噪声。

3）过载时可产生打滑、能防止薄弱零件的损坏，起安全保

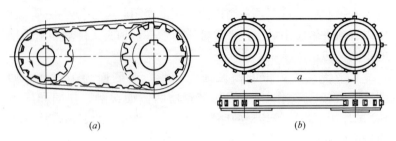

图 2.1-3 啮合带传动
(a) 同步齿形带传动；(b) 齿孔带传动

护作用。但不能保持准确的传动比。

4）传动带需张紧在带轮上，对轴和轴承的压力较大。

5）外廓尺寸大，传动效率低（一般 0.94～0.96）。根据上述特点，带传动多用于：①中、小功率传动（通常不大于 100kW）；②原动机输出轴的第一级传动（工作速度一般为 5～25m/s）；③传动比要求不十分准确的机械。

（3）带的弹性滑动和打滑

1）弹性滑动

由于带传动存在紧边和松边，在紧边时带被弹性拉长，到松边时又产生收缩，引起带在轮上发生微小局部滑动，这种现象称为弹性滑动。

2）打滑与极限有效拉力

当外载较小时，弹性滑动只发生在带即将由主、从动轮离开的一段弧上。传递外载增大时，有效拉力随之加大，弹性滑动区域也随之扩大，当有效拉力达到或超过某一极限值时，带与小带轮在整个接触弧上的摩擦力达到极限，若外载继续增加，带将沿整个接触弧滑动，这种现象称为打滑。此时主动轮还在转动，但从动轮转速急剧下降，带迅速磨损、发热而损坏，使传动失效。所以必须避免打滑。

带传动的主要失效形式有：①带在带轮上打滑，不能传递动力;②带发生疲劳破坏(经历一定应力循环次数后发生拉断、撕裂、脱层)。

(4) 带传动的张紧与调整

带传动的张紧程度对其传动能力、寿命和轴压力都有很大的影响。V带传动初拉力的测定可在带与带轮两切点中心加以垂直于带的载荷 G 使每100mm跨距产生1.6mm的挠度,此时传动带的初拉力 F_0 是合适的(即总挠度 $y=1.6a/100$)。

带传动工作一段时间后会由于塑性变形而松弛,使初拉力减小、传动能力下降,此时在规定载荷作用下总挠度变大,需要重新张紧。常用张紧方法有调整中心距法:

1) 定期张紧。如图2.1-4所示,将装有带轮的电动机1装在滑道2上,旋转调节螺钉3以增大或减小中心距从而达到张紧或松开的目的。图2.1-5为把电机装在一摆动底座2上,通过调节螺钉3调节中心距达到张紧的目的。

2) 自动张紧。把电动机1装在如图2.1-6所示的摇摆架2上,利用电机的自重,使电动机轴心绕铰点A摆动,拉大中心距达到自动张紧的目的。

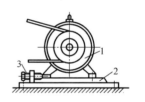

图2.1-4 水平传动定期张紧装置图
1—电动机;2—摇摆架;3—调节螺钉

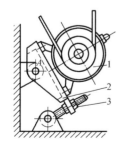

图2.1-5 垂直传动定期张紧装置图
1—电动机;2—摇摆架;3—调节螺钉

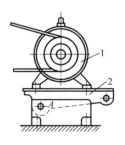

图2.1-6 自动张紧装置图
1—电动机;2—摇摆架;3—调节螺钉

2. 链传动

链传动是通过链条将具有特殊齿形的主动链轮的运动和动力传递到具有特殊齿形的从动链轮的一种传动方式（图 2.1-7）。

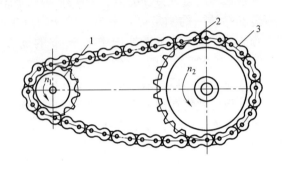

图 2.1-7 链传动
1—主动链轮；2—从动链轮；3—链条

(1) 链传动工作原理与特点

1) 工作原理：（至少）两轮间以链条为中间挠性元件的啮合来传递动力和运动。但非共轭曲线啮合，靠三段圆弧一直线啮合。其磨损、接触应力冲击均小，且易加工。

2) 组成：主、从动链轮、链条、封闭装置、润滑系统和张紧装置等。

3) 特点（与带、齿轮传动比较）优点：①平均速比准确，无滑动；②结构紧凑，轴上压力小；③传动效率高；④承载能力高；⑤可传递远距离传动；⑥成本低。缺点：①瞬时传动比不恒定；②传动不平衡；③传动时有噪音、冲击；④对安装精度要求较高。

4) 应用适于两轴相距较远，工作条件恶劣等，如农业机械、建筑机械、石油机械、采矿、起重、金属切削机床、摩托车、自行车等。

(2) 链传动的失效形式

1) 各元件的疲劳破坏（主要指链板、销轴、套筒、滚子）：

正常润滑及速度主要失效形式。

2）链节磨损后伸长（主要是销轴铰链磨损），造成脱链，跳齿

3）冲击破坏（反复起制动、反转或受多重冲击载荷时，动载荷大，经多次冲击、销轴、滚子、套筒最终产生冲击断裂，总循环次数 $N=104$）

4）胶合（重载高速）（破坏—验算）：极限转速

5）轮齿过度磨损

6）过载拉断：塑性变形（当低速重载 $V<0.6m/s$，按静强度设计）。

（3）链传动的布置、张紧

1）布置：链传动只能布置在垂直平面内，不能布置在水平或倾斜平面内；两轮中心线最好水平或水平面夹角小于 45°（尽量避免垂直、传动）

2）张紧：（方法不同于带）其目的不取决于工作能力，而会由垂度大小决定。方法（图 2.1-8）：①移动轮系，以增大中心距 a，如 a 不能调时；②也可用张紧轮：注意张紧轮应在靠近主动轮的从动边上。不带齿者可用夹布胶木制成。宽度比链轮约宽 5mm，且直径应尽量与小轮直径相近。

（4）润滑与防护

1）润滑

润滑有利于缓冲、减小摩擦、降低磨损，润滑良好否对承载能力与寿命大有影响。链传动润滑方式根据使用工况的不同分为：人工定期、滴油润滑、油浴或飞溅润滑、压力喷油润滑。

2）防护

封闭护罩——目的、安全、环境清洁、防尘、减小噪音和润滑需要等设置有：油面槽示器、注油孔、排油孔等大功率、高速传动时采用落地式链条箱。

3. **齿轮传动**

齿轮机构是由齿轮副组成的传递运动和动力的装置

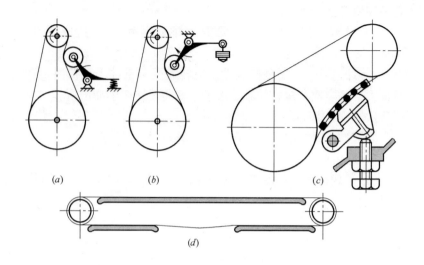

图 2.1-8 链传动的张紧装置

(a) 弹簧力施压；(b) 配重施压；(c) 螺钉施压；(d) 用拖板控制垂度

(1) 齿轮机构的特点和分类

1) 齿轮机构是机械中应用最广的传动机构之一，它的主要优点主要有下面几个方面：

①适用的圆周速度和功率范围广；②传动效率高；③传动比稳定；④寿命长；⑤工作可靠；⑥可实现任意两轴之间的传动。

2) 齿轮机构缺点，主要表现在以下方面：

①要求较高的制造和安装精度，成本较高；②不适宜远距离两轴之间的传动。

3) 齿轮按齿廓曲线分类，可以分为：

①渐开线齿轮；②摆线齿轮

4) 圆弧齿轮按照两轴的相对位置和齿向，齿轮机构可分为（图 2.1-9）：

① 平行轴齿轮机构包括直齿轮圆柱齿轮机构、斜齿圆柱齿轮机构和人字齿轮机构。直齿、斜齿圆柱齿轮机构又分为外啮合齿轮机构、内啮合齿轮机构和齿轮与齿条机构，如图 2.1-9

(a)、(b)、(c)、(d)、(i)。

② 相交轴齿轮机构（圆锥齿轮机构）包括直齿和曲齿圆锥齿轮机构，如图 2.1-9 (e)、(f)。

③ 交错轴齿轮机构

包括交错轴斜齿轮机构和蜗杆蜗轮机构，如图 2.1-9 (g)、(h)。

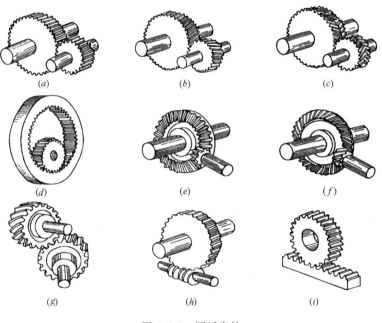

图 2.1-9 圆弧齿轮

（2）斜齿圆柱齿轮构

1）斜齿圆柱齿轮啮合特点

斜齿轮啮合传动时，齿廓曲面的接触线是与轴线倾斜的直线，接触线的长度是变化的，开始时接触线长度由短变长，然后由长变短，直至脱离啮合。这说明斜齿轮的啮合情况是沿着整个齿宽逐渐进入和退出啮合的，故与直齿圆柱齿轮相比，传动平稳，冲击和噪声小。

2) 与直齿轮相比，斜齿轮具有以下优点：

① 齿廓接触线是斜线，轮齿是逐渐进入啮合和逐渐脱离啮合的，故运转平稳，冲击和噪声小。

② 重合度较大，并随齿宽和螺旋角的增大而增大。故承载能力较强，运转平稳，适于高速传动。

③ 最少齿数小于直齿轮的最小齿数。

（3）圆锥齿轮机构

圆锥齿轮用于相交两轴之间的传动，其轮齿有直齿、曲齿等类型，直齿圆锥齿轮的设计、制造和安装均较简便，故应用最为广泛。圆锥齿轮的轮齿分布在圆锥面上，所以齿形从大端到小端逐渐缩小。和圆柱齿轮传动相似，一对圆锥齿轮的运动相当于一对节圆锥的纯滚动。除了节圆锥以外，圆锥齿轮还有分度圆锥、齿顶圆锥和基锥。

（4）蜗杆涡轮传动

蜗轮蜗杆正确啮合的条件：中间平面内蜗杆与蜗轮的模数和压力角分别相等，即蜗轮的端面模数等于蜗杆的轴面模数且为标准值；蜗轮的端面压力角应等于蜗杆的轴面压力角且为标准值，当蜗轮蜗杆的交错角为时，还需保证，而且蜗轮与蜗杆螺旋线旋向必须相同。

1）蜗杆相关参数

蜗杆导程角：是蜗杆分度圆柱上螺旋线的切线与蜗杆端面之间的夹角，与螺杆螺旋角的关系为，蜗轮的螺旋角，大则传动效率高，当小于啮合齿间当量摩擦角时，机构自锁。

蜗杆蜗轮传动中蜗轮转向的判定方法，可根据啮合点 K 处方向、方向（平行于螺旋线的切线）及应垂直于蜗轮轴线画速度矢量三角形来判定；也可用"右旋蜗杆左手握，左旋蜗杆右手握，四指拇指"来判定。

2）蜗轮蜗杆的工作原理及作用

① 工作原理：蜗轮蜗杆传动的两轴是相互交叉垂直的，蜗杆可以看成为在圆柱体上沿着螺旋线绕有一个齿（单头）或几个

齿（多头）的螺旋，蜗轮就像个斜齿轮，但它的齿包着蜗杆。在啮合时，蜗杆转一转，就带动蜗轮转过一个齿（单头蜗杆）或几个齿（多头蜗杆），因此蜗轮蜗杆传动的速比 i＝蜗杆的头数 Z_1/蜗轮的齿数 Z_2。

② 作用：（与齿轮传动相比）优点：蜗轮蜗杆传动除了和齿轮同样得到了广泛应用外，它解决了齿轮的降速比不能太大的矛盾；工作平稳，无噪音；蜗轮可以得到精确的很小的转动，因此，蜗轮蜗杆传动常用来作分度用；能自锁：当蜗杆螺旋线升角小于 3°～6°时，蜗轮蜗杆传动能自锁（即只能由蜗杆带动蜗轮，蜗轮不能带动蜗杆）。

③ 缺点：效率较低，一般为 0.7～0.9，当降速比很大时，效率甚至在 0.5 以下；发热大，所以，工作时要求有良好的冷却和润滑条件；在较高速度下传递动力时，蜗轮常用较贵的有色金属（青铜）；蜗轮比齿轮制造困难。总之，在设计机器时，要根据使用要求，权衡利弊，正确合理地选用传动形式。

蜗轮蜗杆传动是齿轮传动的一种，通常所说的齿轮传动是一种方向一致的传动方式，而蜗轮蜗杆传动特指垂直方向的传动，一般常用于减速器或其他的一些需要垂直传动的地方。

④ 蜗杆传动特点：传动比大，结构紧凑。传动平稳，无噪声。因为蜗杆齿是连续不间断的螺旋齿，它与蜗轮齿啮合时是连续不断的，蜗杆齿没有进入和退出啮合的过程，因此，工作平稳、冲击、振动、噪声小。具有自锁性。蜗杆的螺旋升角很小时，蜗杆只能带动蜗轮传动，而蜗轮不能带动蜗杆转动。蜗杆传动效率低。发热量大，齿面容易磨损，成本高。

2.1.3 液压传动基础知识

1. 液压基础知识

（1）液压传动的介绍

液压传动是用液体作为工作介质来传递能量和进行控制的传动方式。液压传动和气压传动并称为流体传动，是根据 17 世纪帕斯卡提出的液体静压力传动原理而发展起来的一门新兴技术，是工业生产中应用广泛的技术。在我们的生活中，随处可以见到液压技术的使用，液压传动有许多突出的优点，因此它的应用非常广泛。现在，液压系统被广泛地应用于汽车、工作机械、建设机械等方面。

（2）液压传动的特点

1）液压传动的优点

① 体积小、重量轻，因此惯性力较小，当突然过载或停车时，不会发生大的冲击；

② 能在给定范围内平稳的自动调节牵引速度，并可实现无级调速；

③ 换向容易，在不改变电机旋转方向的情况下，可以较方便地实现工作机构旋转和直线往复运动的转换；

④ 液压泵和液压马达之间用油管连接，在空间布置上彼此不受严格限制；

⑤ 由于采用油液为工作介质，元件相对运动表面间能自行润滑，磨损小，使用寿命长；

⑥ 操纵控制简便，自动化程度高；

⑦ 容易实现过载保护。

2）液压传动的缺点

① 液压传动对维护的要求高，液压油要始终保持清洁；

② 液压元件制造精度要求高，工艺复杂，成本较高；

③ 液压元件维修较复杂，且需有较高的技术水平；

④ 用油做工作介质，存在火灾隐患；

⑤ 传动效率低。

（3）液压传动的基本原理

液压传动的基本原理是在密闭的容器内，利用有压力的油液作为工作介质来实现能量转换和传递动力的，也就是利用密封工作腔变化进行工作，通过液体介质的压力进行能量的转换和传递。其中的液体称为工作介质，一般为矿物油，它的作用和机械传动中的皮带、链条和齿轮等传动元件相类似。液压传动是利用帕斯卡原理，在密闭环境中，向液体施加一个力，这个液体会向各个方向传递这个力，且力的大小不变。液压传动就是利用这个物理性质，向一个物体施加一个力，利用帕斯卡原理使这个力变大，从而起到举起重物的效果。

（4）液压传动的工作特性

1）压力取决于负载。$P=F/A$，也就是说，没有负载就没有压力。

2）速度取决于流量。$V=Q/A$

（5）液压系统的组成。液压系统一般由以下5个主要部分来组成：

1）动力元件：提供给液压系统压力油，把机械能转换成液压能的装置。最常见的形式是液压泵。

2）执行元件：把液压能转换成机械能的装置。其形式有作直线运动的液压缸，作回转运动的液压马达。

3）控制元件：对系统中的压力、流量或流动方向进行控制或调节的装置。如溢流阀、节流阀、换向阀、开停阀等。

4）辅助元件：上述3部分之外的其他装置，例如油箱，滤油器，油管等。它们保证系统正常工作是必不可少的。

5）工作介质：传递能量的流体，如液压油等。

（6）液压传动的主要参数

1）压力：也就是单位面积上液体的作用力，用符号 P 表示。压力的单位：Pa（帕）

$1Pa=1N/m^2$，$1MPa=10^6 Pa=10bar$（巴），1bar 约等于 $1kg/cm^2$

2）流量：单位时间内通过某截面的液体体积。一般用 Q 或 q 表示。流量的单位：法定计量单位是 m^3/s（米³/秒），常用单位：L/min（升/分）

（7）液压油的作用及性能要求

1）作用：

① 有效地传递能量和信号；
② 润滑运动零件，减少摩擦和磨损；
③ 在对偶运动副中提供支撑；
④ 吸收、运送和传递系统所产生的热量；
⑤ 防止腐蚀；
⑥ 传输、分离和沉淀系统中的非可溶性污染物质；
⑦ 为元件和系统的失效提供和传递诊断信息。

2) 性能要求

① 适当的黏度和良好的黏温特性

黏度过大将导致黏性阻力损失增加；温升大；泵的吸入性能变差，启动困难，甚至产生汽蚀；控制灵敏度下降。黏度太低将使泄漏增加、容积效率降低；控制精度下降；液体润滑膜变薄，甚至无法形成液体润滑而使磨损加剧。

液压油可以通过添加黏度指数添加剂来提高黏度指数，改善黏温特性。如聚异丁烯、聚甲基丙烯酸酯等。

② 良好的抗磨性（润滑性）

抗磨性是一种与黏度无关，而是通过在油中加入添加剂以在摩擦副对偶面上形成油膜来达到减轻磨损的性能。黏度高不一定润滑性能好，如硅油，但是如黏度低，则液体膜太薄不能覆盖表面粗糙度，抗磨性不好。

通过在液压油中添加油性添加剂（油酸、硫化鲸鱼油和硫化烯烃棉籽油等）和极压抗磨添加剂（含磷、硫、锌等物质，如二烷基二硫代磷酸锌、二硫化钼等，可以高温重载使用），使液压油在金属表面形成的物理或化学吸附膜，这种膜也叫边界膜，边界膜形成摩擦副之间的边界润滑，阻止直接接触，有利于减小摩擦和磨损。

③ 良好的氧化安定性和热安定性

氧化安定性是指油液耐氧化的能力。油液受到空气中的氧、水和金属物质等影响会氧化而生成有机酸和聚合物，液压油的颜色变深、酸值增加、黏度变化和生成沉淀物质（焦油），因此，液压油的腐蚀性增加，容易堵塞液压元件的小孔和加剧磨损。

热安定性是指油液在高温下抵抗化学反应和分解的能力。油液在高温下会加快裂解和聚合，金属表面还充当催化剂作用。所以液压油必须耐受一定的高温，同时避免在极高的温度下工作。

④ 良好的抗乳化性和水解稳定性

油液抵抗与水混合形成乳化液的能力叫抗乳化性。油液抵抗与水发生化学反应而分解的能力叫水解稳定性。水是液压系统中的一种污染物，通过潮湿的空气从油箱的呼吸孔或油缸活塞杆回缩而带入系统。液压油有吸水性，吸水性取决于基础油的性能、添加剂和温度。经过激烈的搅动，油中的水很容易析出而与油形成乳化液，这时的水以微小的水珠分散相存在油中。水可导致腐蚀、加速油液变质、破坏油膜和降低液压油的润滑性。

⑤ 良好的抗泡性和空气释放性：液压油抵抗与空气结合形成泡沫的能力叫抗泡性。液压油释放分散在其中的空气的能力叫空气释放性。空气可引起油液的弹性模降低、动态性能降低；同时可引起振动和噪声，最终导致润滑油膜断裂，加剧摩擦与磨损。

⑥ 良好的防锈蚀性：空气中的氧、水，以及各种添加剂与液压油发生氧化和分解所产生的酸性物质都可能对金属表面产生腐蚀，加剧磨损。

⑦ 与密封材料的相容性介质

与密封材料之间不发生相互损坏的现象。主要是指液压油与密封件接触后，不损坏密封件和降低密封件的密封性能。介质可能使密封材料溶胀、软化、硬化。

2. 常见液压元件介绍

（1）液压泵

1）定义

液压泵是一种动力元件，把机械能转换成液体压力能，依靠泵的密封工作腔容积的变化来实现吸油和压油的。

2）分类

从结构上分为：柱塞泵、齿轮泵、叶片泵、螺杆泵；

从流量上分为：变量泵、定量泵。

3) 液压泵的主要性能和参数

工作压力 p：液压泵实际工作时的输出压力称为工作压力。工作压力大小取决于外负载的大小和排油管路上的压力损失，而与液压泵的流量无关。

额定压力 p_s：液压泵在正常工作条件下，按试验标准规定，连续运转中允许达到的最高压力称为液压泵的额定压力。

最高允许压力：在超过额定压力的条件下，根据试验标准规定，允许液压泵短暂运行的最高压力值，称为液压泵的最高允许压力，超过此压力，泵的泄漏会迅速增加。

4) 液压泵的排量和流量

排量 V：在没有泄露的情况下，液压泵转过一转时所能输出的油液的体积。

理论流量 q_t：在不考虑泄漏的情况下，液压泵在单位时间内输出的油液体积。其大小与转速 n 和排量 V 有关，即 $q_t=Vn$。

实际流量 q：是指单位时间内实际输出的油液体积。

额定流量 q_s：是指在额定转速和额定压力下输出的流量。

5) 选用的原则

①是否要求变量。②工作压力；柱塞泵额定压力最高。③工作环境；齿轮泵抗污能力最好。④噪声指标；双作用叶片泵较好。⑤效率。

6) 液压泵的优点

① 制造容易，工艺性好，价格便宜；

② 结构紧凑，体积小，重量轻；

③ 吸油能力较好，且能耐冲击性负载；

④ 转速范围大；

⑤ 抗污染能力强；

⑥ 便于维护和管理。

7) 液压泵的缺点

① 轴承承受载荷大（径向力不易平衡）；

② 流量变化大；

③ 噪声大，效率低。

(2) 液压马达

1) 定义

液压马达是一种执行元件，液压马达的作用与泵相反，液压马达是将液压能转换为机械能的装置。

2) 分类

按其结构类型来分可分为：齿轮式、叶片式、柱塞式等其他形式。

按其额定转速来分可分为：高速、低速。

3) 液压马达的特点

① 高速液压马达的特点：转速高、转动惯量小，便于启动和制动，调速和换向灵敏度高。通常高速液压马达输出转矩不大（仅几十 N·m 到几百 N·m），所以又称为高速小转矩马达，高速液压马达的基本形式有齿轮式、螺杆式、叶片式和轴向柱塞式等。

② 低速液压马达的特点：排量大、体积大、转速低（可达每分钟几转甚至零点几转）、输出转矩大（可达几千 N·m 到几万 N·m），所以被称为低速大转矩液压马达，低速液压马达的基本形式是径向柱塞式。

4) 泵与马达结构上的差异：

液压马达是使负载作连续、旋转的执行元件，其内部构造与液压泵类似，差别仅在于液压泵的旋转是由电机带动，输出的是液压油；液压马达则是输入液压油，输出的是转矩和转速。因此，液压马达和液压泵在内部结构上存在一定的差别。

① 液压泵的吸油腔一般为真空，通常把进口做得比出口大；而液压马达的排油腔压力稍高于大气压力，进、出口尺寸相同。

② 液压泵在结构上须保证具有自吸能力，而液压马达则无此要求。

③ 液压马达需要正、反转，在内部结构上应具有对称性；

而液压泵一般为单向旋转,其内部结构可以不对称。

④ 应保证液压马达的轴承结构形式及润滑方式能在高速状态正常工作;而液压泵转速高且变化小,无此苛刻要求。

⑤ 液压马达应有较大的启动扭矩。

5) 液压马达的选用

① 适应主机工作情况要求。

② 对各类液压马达进行技术经济分析比较,选取适合的液压马达。

③ 所选的液压马达要有一定的能量储备,主要参数指标要比工作的稍大些。

(3) 液压缸

1) 定义

液压缸是将液压能转变为机械能的、做直线往复运动或摆动运动的液压执行元件。

2) 液压缸的分类

按结构形式,可分为活塞缸、柱塞缸、摆动缸和特殊缸4类;

按额定压力分为高压和超高压液压缸、中高压液压缸与中低压液压缸。

3) 液压缸的基本结构

① 缸筒:缸筒是液压缸的主体零件,它与缸盖、活塞等零件构成密闭的容腔,推动活塞运动。

② 缸盖:缸盖装在液压缸两端,与缸筒构成紧密的油腔。通常有焊接、螺纹、螺栓、卡键和拉杆等多种连接方式,一般根据工作压力、油缸的连接方式及使用环境等因素选择。

③ 活塞杆:活塞杆是液压缸传递力的主要元件。

④ 活塞:活塞是将液压能转为机械能的主要元件,它的有效工作面积直接影响液压缸的作用力和运动速度。活塞与活塞杆连接有多种形式,常用的有卡环型、轴套型和螺母型等。

⑤ 导向套:导向套对活塞杆起导向和支撑作用,它要求配

合精度高，摩擦阻力小，耐磨性好，能承受活塞杆的压力、弯曲力以及冲击振动。内装有密封装置以保证缸筒的密封，外侧装有防尘圈，以防止杂质、灰尘和水分带到密封装置处，损坏密封。金属导向套一般采用摩擦系数小、耐磨性好的青铜、灰铸铁、球墨铸铁和氧化铸铁等；非金属导向套可采用聚四氟乙烯和聚三氟氯乙烯等。

⑥ 缓冲装置：活塞和活塞杆在压力的驱动下运动时具有很大的动量，当进入油缸的端盖和缸底部分时，会引起机械碰撞，产生很大的冲击压力和噪音。采用缓冲装置，就是为了避免这种碰撞。其工作原理是使缸筒低压腔内油液（全部或部分）通过节流把动能转换为热能，热能则由循环的油液带到液压缸外。缓冲装置的结构分为恒节流面积缓冲装置和变节流型缓冲装置两种。

4）液压缸的主要参数。

液压缸的主要参数包括压力、流量、尺寸规格、活塞行程、运动速度、推拉力、效率和液压缸功率等。

① 压力：压力是油液作用在单位面积上的压强。计算公式 $p=F/A$，即作用在活塞上的载荷除以活塞的有效工作面积。从上式可知，压力值的建立是由载荷的存在而产生的。在同一个活塞的有效工作面积上，载荷越大，克服载荷所需要的压力就越大。换句话说，如果活塞的有效工作面积一定，油液压力越大，活塞产生的作用力就越大。平常我们说的额定压力，是液压缸能以长期工作的压力。

② 流量：流量是单位时间内油液通过缸筒有效截面积的体积。计算公式 $Q=V/t=vA$，其中 V 表示液压缸活塞一次行程中所消耗的油液体积；t 表示液压缸活塞一次行程所需时间；v 表示活塞杆运动速度；A 表示活塞的有效工作面积。

③ 活塞行程：活塞行程指活塞往复运动时在两极之间走过的距离。一般在满足了油缸的稳定性要求后，按实际工作行程选取与其相近似的标准行程。

④ 活塞的运动速度：运动速度是单位时间内油液推动活塞移动的距离，可表示为 $v=Q/A$。

⑤ 尺寸规格：尺寸规格主要包括缸筒的内外径、活塞直径、活塞杆直径和缸盖尺寸等，这些尺寸根据液压缸的使用环境，安装形式，所需提供的推拉力以及行程等来计算，设计和校核。

5）液压缸的发展动态 随着液压技术的深入普及和应用领域、场合的日益扩大，对液压缸的工作性能、构造、使用范围、制造精度、外观、材料、试验方法都不断提出新的要求，因此不断推动着液压缸的发展和进步。其总的趋势为：

① 高压化、小型化。高压化是减少液压缸径向尺寸和减轻重量，并缩小整套液压装置体积的有效途径。

② 新材质、轻量化。随着高压化、小型化，液压缸使用环境的考验等，新材质、轻量化也成了解决办法之一。

③ 新颖结构复合化。为了适应液压缸应用范围的扩大，各种新颖结构的液压缸不断出现，如自控液压缸、自锁液压缸、钢缆式液压缸、蠕动式液压缸和复合化液压缸等。

④ 高性能、多品种。

⑤ 节能化与耐腐蚀。

（4）液压阀

液压阀是液压系统中的控制元件，用来控制液压系统中的压力、流量及流动方向，从而使之满足各类执行元件不同的动作要求。液压阀的基本机构主要包括阀芯、阀体和驱动阀芯在阀体内做相对运动的装置。

阀芯的主要形式有滑阀、锥阀和球阀；阀体上除有与阀芯配合的阀体孔和阀座孔外，还有外接油管的进、出油口；驱动阀芯在阀体内作相对运动的装置可以是手调机构，也可以是弹簧或电磁铁、液压力驱动。在工作原理上，液压阀是利用阀芯在阀体上的相对运动来控制阀口的通断及阀口的大小，以实现压力、流量和方向控制。

1）溢流阀：通过阀口的溢流，使被控制系统或回路的压力维持恒定，实现稳压、调压或限压作用。根据工作原理和结构不同分为直动式和先导式。

2) 直动式溢流阀：压力油直接作用在阀芯的底部，达到设定压力后，油压将阀芯顶开，从回油口流回油箱。直接利用液体压力与弹簧力相平衡，以控制阀芯的启闭动作，从而保证进油口压力基本恒定。对于高压大流量的压力阀，要求调压弹簧具有很强的弹性，这样不仅使阀的调节性能变差，结构上也难以实现，因此，不适合用于高压、大流量下工作。

3) 减压阀：利用液体流过缝隙产生压力损失，使其出口压力低于进口压力的压力控制阀。减压阀由压力先导阀和主阀组成。出口压力油引至主阀芯上腔和先导阀前腔，当出口压力大于减压阀的调定压力时，先导阀开启，主阀芯上移，减压缝隙变小，这样才能起到减压作用并且能够保证出口压力为定值。

4) 顺序阀：利用油液压力作为控制信号来控制油路的通断，从而控制多个执行元件的动作顺序。

5) 单向阀：一种只允许液体沿一个方向通过，而反方向液体被截止的方向阀。

6) 液控单向阀：可以用来实现逆向流动的单向阀。

7) 换向阀：利用阀芯与阀体间相对位置的不同，来变换阀体上各主油口的通断关系，实现各油路连通、切断或改变液体方向的阀类。

8) 节流阀：相当于一个可变节流口，借助控制机构使阀芯相对于阀体改变阀口的过流面积。

9) 分流集流阀：用来保证多个执行元件速度同步的流量控制阀，又称为同步阀。它包括分流阀、集流阀和分流集流阀三种控制类型。

10) 优先阀：当一个定量泵向多个工作执行机构供给压力油时，需优先保证主油路或关键动作元件。

3. 常用液压图形符号

见表 2.1-1～表 2.1-10。

液压泵、液压马达和液压缸　　表 2.1-1

名称		符号	说明
液压泵	液压泵		一般符号
	单向定量液压泵		单向旋转、单向排量
	双向定量液压泵		双向旋转,双向流动,定排量
	单向变量液压泵		单向旋转,单向流动,变排量
	双向变量液压泵		双向旋转,双向流动,变排量
液压马达	液压马达		一般符号
	单向定量液压马达		单向流动,单向旋转
	定量液压马达		双向流动,双向旋转,定排量
	单向变量液压马达		单向流动,单向旋转,变排量

续表

名称		符号	说明
液压马达	双向变量液压马达		双向流动,双向旋转,变排量
	摆动马达		双向摆动,定角度
泵-马达	定量液压泵-马达		单向流动,单向旋转,定排量
	变量液压泵-马达		双向流动,双向旋转,变排量,外部泄油
	液压整体式传动装置		单向旋转,变排量泵,定排量马达
单作用缸	单活塞杆缸		详细符号
			简化符号
	单活塞杆缸(带弹簧复位)		详细符号
			简化符号

续表

名称		符号	说明
单作用缸	柱塞缸		
	伸缩缸		
双作用缸	单活塞杆缸		详细符号
			简化符号
	双活塞杆缸		详细符号
			简化符号
	不可调单向缓冲缸		详细符号
			简化符号
	可调单向缓冲缸		详细符号
			简化符号
	不可调双向缓冲缸		详细符合

续表

名称		符号	说明
双作用缸	不可调双向缓冲缸		简化符号
	可调双向缓冲缸		详细符号
			简化符号
	伸缩缸		
压力转换器	气-液转换器		单程作用
			连续作用
	增压器		单程作用
			连续作用
蓄能器	蓄能器		一般符号
	气体隔离式		

2 工程车基础知识

续表

名称		符号	说明
蓄能器	重锤式		
	弹簧式		
辅助气瓶			
气缸			
能量源	液压源		一般符号
	气压源		一般符号
	电动机		
	原动机		电动机除外

机械控制装置和控制方法　　　　　表 2.1-2

名称		符号	说明
机械控制件	直线运动的杆		箭头可省略
	动的轴		
	定位装置		
	锁定装置		*为开锁的控制方法

续表

名称		符号	说明
机械控制方法	顶杆式		
	可变行程控制式		
	弹簧控制式		
	滚轮式		两个方向操作
	单向滚轮式		仅在一个方向上操作，箭头可省略
人力控制方法	人力控制		一般符号
	按钮式		
	拉钮式		
	按-拉式		
	手柄式		
	单向踏板式		
	双向踏板式		
直接压力控制方法	加压或卸压控制		
	差动控制		
	内部压力控制		控制通路在元件内部

2 工程车基础知识 | 55

续表

名称		符号	说明
直接压力控制方法	外部压力控制		控制通路在元件外部
先导压方法	液压先导加压控制		内部压力控制
	液压先导加压控制		外部压力控制
	液压二级先导加压控制		内部压力制,内部泄油
	气-液先导加压控制		气压外部控制,液压内部控制,外部泄油
	电-液先导加压控制		液压外部控制,内部泄油
	液压先导卸压控制		内部压力控制,内部泄油
			外部压力控制(带遥控泄放口)
	电-液先导控制		电磁铁控制、外部压力控制,外部泄油
	先导型压力控制阀		带压力调节弹簧,外部泄油带遥控泄放口
	先导型比例电磁式压力控制阀		先导级由比例电磁铁控制,内部泄油

续表

名称		符号	说明
电气控制方法	单作用电磁铁		电气引线可省略,斜线也可向右下方
	双作用电磁铁		
	单作用可调电磁操作(比例电磁铁力马达等)		
	双作用可调电磁操作(力矩马达等)		
	旋转运行电气控制装置		
反馈控制方法	反馈控制		一般符号
	电反馈		动变压器等检测位置
	内部机械反馈		如随动阀仿形控制回路等

压力控制阀 表 2.1-3

名称		符号	说明
溢流阀	溢流阀		一般符号或直动型溢流阀
	先导型溢流阀		
	先导型电磁溢流阀		（常闭）
	直动式比例溢流阀		
	先导比例溢流阀		
	卸荷溢流阀		$p_2 > p_1$ 时卸荷
	双向溢流阀		直动式,外部泄油
减压阀	减压阀		一般符号或直动型减压阀
	先导型减压阀		

续表

名称		符号	说明
减压阀	溢流减压阀		
	先导型比例电磁式溢流减压阀		
	定比减压阀		减压比 1/3
	定差减压阀		
顺序阀	顺序阀		一般符号或睦动型顺序阀
	先导型顺序阀		
	单向顺序阀（平衡阀）		
卸荷阀	卸荷阀		一般符号或直动型卸荷阀
	先导型电磁卸荷阀		$p_1 > p_2$

续表

名称		符号	说明
制动阀	双溢流制动阀		
	溢流油桥制动阀		

方向控制阀　　　　　　　　　表 2.1-4

名称		符号	说明
单向阀	单向阀		详细符号
			简化符号(弹簧可省略)
液压单向阀	液控单向阀		详细符号(控制压力关闭阀)
			简化符号
			详细符号(控制压力打开阀)
			简化符号(弹簧可省略)

续表

名称		符号	说明
液压单向阀	双液控单向阀		
梭阀	或门型		详细符号
			简化符号
换向阀	二位二通电磁阀		常断
			常通
	二位三通电磁阀		
	通电磁球阀		
	二位四通电磁阀		
	二位五通液动阀		

2 工程车基础知识 | 61

续表

名称		符号	说明
换向阀	二位四通机动阀		
	三位四通电磁阀		
	三位四通电液阀		简化符号（内控外泄）
	三位六通手动阀		
	三位五通电磁阀		
	三位四通电液阀		外控内泄（带手动应急控制装置）
	三位四通比例阀		节流型，中位正遮盖
	三位四通比例阀		中位负遮盖
	二位四通比例阀		
	四通伺服阀		
	四通电液伺服阀		二级
			带电反馈三级

流量控制阀   表 2.1-5

名称		符号	说明
节流阀	可调节流阀		详细符号
			简化符号
	不可调节流阀		一般符号
	单向节流阀		
	双单向节流阀		
	截止阀		
	滚轮控制节流阀（减速阀）		
调速阀	调速阀		详细符号
	调速阀		简化符号
	旁通型调速阀		简化符号

续表

名称		符号	说明
调速阀	温度补偿型调速阀		简化符号
	单向调速阀		简化符号
同步阀	分流阀		
	单向分流阀		
	集流阀		
	分流集流阀		

油箱　　　　　　　　　　　　　　　　表 2.1-6

名称		符号	说明
通大气式	管端在液面上		
	管端在液面下		带空气过滤器
油箱	管端在油箱底部		
	局部泄油或回油		
加压油箱或密闭油箱			三条油路

流体调节器　　　　　　　表 2.1-7

名　　称		符　号	说　明
过滤器	过滤器		一般符号
	带污染指示器的过滤器		
	磁性过滤器		
	带旁通阀的过滤器		
	双筒过滤器		p_1：进油 p_2：回油
空气过滤器			
温度调节器			
冷却器	冷却器		一般符号
	带冷却剂管路的冷却器		
回热器			一般符号

2　工程车基础知识

检测器、指示器　　　　　表 2.1-8

名　称		符　号	说　明
压力检测器	压力指示器		
	压力表(计)		
	电接点压力表 (压力显控器)		
	压差控制表		
	液位计		
流量检测器	检流计(液流指示器)		
	流量计		
	累计流量计		
	温度计		
	转速仪		
	转矩仪		

其他辅助元器件　　　　表 2.1-9

名　称		符　号	说　明
压力继电器(压力开关)			详细符号
			一般符号
行程开关			详细符号
			一般符号
联轴器	联轴器		一般符号
	弹性联轴器		
压差开关			
传感器	传感器		一般符号
	压力传感器		
	温度传感器		
放大器			

2　工程车基础知识 | 67

管路、管路接口和接头　　　　表 2.1-10

名　称		符　号	说　明
管路	管路		压力管路 回油管路
	连接管路		两管路相交连接
	控制管路		可表示泄油管路
快换接头	不带单向阀的快换接头		
	带单向阀的快换接头		
管路	交叉管路		两管路交叉不连接
	柔性管路		
	单向放气装置 （测压接头）		
旋转接头	单通路旋转接头		
	三通路旋转接头		

4. 常见液压故障的诊断与处理方法

（1）常见故障的诊断方法

液压设备是由机械、液压、电气等装置组合而成的，故出现的故障也是多种多样的。某一种故障现象可能由许多因素影响造成的，因此分析液压故障必须能看懂液压系统原理图，对原理图中各个元件的作用有一个大体的了解，然后根据故障现象进行分析、判断，针对许多因素引起的故障原因需逐一分析，抓住主要矛盾，才能较好的解决和排除。液压系统中工作元件和管路中的流动情况，外界是很难了解到的，所以给分析、诊断带来了较多的困难，因此，要求必须具备较强分析判断故障的能力。在机械、液压、电气诸多复杂的关系中找出故障原因和部位并及时、准确加以排除。

1) 简易故障诊断法

简易故障诊断法是目前采用最普遍的方法，它是靠维修人员凭个人的经验，利用简单仪表根据液压系统出现的故障，客观的采用问、看、听、摸、闻等方法了解系统工作情况，进行分析、诊断、确定产生故障的原因和部位，具体做法如下：

① 询问设备操作者，了解设备运行状况。其中包括：液压系统工作是否正常；液压泵有无异常现象；滤芯清洗和更换情况；发生故障前是否对液压元件进行了调节；是否更换过密封元件；故障前后液压系统出现过哪些不正常现象；过去该系统出现过什么故障，是如何排除的等，需逐一进行了解。

② 看液压系统工作的实际状况，观察系统压力、速度、油液、泄漏、振动等是否存在问题。

③ 听液压系统的声音，如：冲击声；泵的噪声及异常声；判断液压系统工作是否正常。

④ 摸温升、振动、爬行及联接处的松紧程度判定运动部件工作状态是否正常。总之，简易诊断法只是一个简易的定性分析，对快速判断和排除故障具有较广泛的实用性。

2) 液压系统原理图分析法

根据液压系统原理图分析液压传动系统出现的故障，找出故障产生的部位及原因，并提出排除故障的方法。液压系统图分析法是目前工程技术人员应用最为普遍的方法，它要求人们对液压知识具有一定基础并能看懂液压系统图，掌握各图形符号所代表元件的名称、功能，对元件的原理、结构及性能也应有一定的了解，有这样的基础,结合动作循环表对照分析、判断故障就很容易了。所以认真学习液压基础知识、掌握液压原理图是故障诊断与排除最有力的助手,也是其他故障分析法的基础,必须认真掌握。

3) 其他分析法

液压系统发生故障时,往往不能立即找出故障发生的部位和根源,为了避免盲目性,人们必须根据液压系统原理进行逻辑分析或采用因果分析等方法逐一排除,最后找出发生故障的部位,这就是用逻辑分析的方法查找出故障。

液压设备常见故障与处理方法见表 2.1-11~表 2.1-26。

系统噪声、振动大的消除方法　　　　表 2.1-11

故障现象及原因	消除方法
泵中噪声、振动,引起管路油箱共振	(1)在泵的进、出油口用软管联接; (2)泵不要装在油箱上,应将电动机和泵单独装在底座上,和油箱分开; (3)加大液压泵,降低电动机转数; (4)在泵的底座和油箱下面塞进防振材料; (5)选择低噪声泵,采用立式电动机将液压泵浸在油液中
阀弹簧所引起的系统共振	(1)改变弹簧的安装位置; (2)改变弹簧的刚度; (3)把溢流阀改成外部泄油形式; (4)采用遥控的溢流阀; (5)完全排出回路中的空气; (6)改变管道的长短、粗细、材质、厚度等; (7)增加管夹使管道不致振动; (8)在管道的某一部位装上节流阀
空气进入液压缸引起的振动	(1)很好地排出空气; (2)可对液压缸活塞、密封衬垫涂上二硫化钼润滑脂即可
管道内油流激烈流动的噪声	(1)加粗管道,使流速控制在允许范围内; (2)少用弯头多采用曲率小的弯管; (3)采用胶管; (4)油流紊乱处不采用直角弯头或三通; (5)采用消声器、蓄能器等

续表

故障现象及原因	消除方法
油箱有共鸣声	(1)增厚箱板； (2)在侧板、底板上增设筋板； (3)改变回油管末端的形状或位置
阀换向产生的冲击噪声	(1)降低电液阀换向的控制压力； (2)在控制管路或回油管路上增设节流阀； (3)选用带先导卸荷功能的元件； (4)采用电气控制方法，使两个以上的阀不能同时换向
溢流阀、卸荷阀、液控单向阀、平衡阀等工作不良，引起的管道振动和噪声	(1)适当处装上节流阀； (2)改变外泄形式； (3)对回路进行改造； (4)增设管夹

系统压力不正常的消除方法　　表 2.1-12

故障现象及原因		消除方法
压力不足	溢流阀旁通阀损坏	修理或更换
	减压阀设定值太低	重新设定
	集成通道块设计有误	重新设计
	减压阀损坏	修理或更换
	泵、马达或缸损坏，内泄大	修理或更换
压力不稳定	油中混有空气	堵漏、加油、排气
	溢流阀磨损、弹簧刚性差	修理或更换
	油液污染、堵塞阀阻尼孔	清洗、换油
	蓄能器或充气阀失效	修理或更换
	泵、马达或缸磨损	修理或更换
压力过高	减压阀、溢流阀或卸荷阀设定值不对	重新设定
	变量机构不工作	修理或更换
	减压阀、溢流阀或卸荷阀堵塞或损坏	清洗或更换

系统动作不正常的消除方法　　　表 2.1-13

故障现象及原因		消除方法
系统压力正常执行元件无动作	电磁阀中电磁铁有故障	排除或更换
	限位或顺序装置(机械式、电气式或液动式)不工作或调得不对	调整、修复或更换
	机械故障	排除
	没有指令信号	查找、修复
	放大器不工作或调得不对	调整、修复或更换
	阀不工作	调整、修复或更换
	缸或马达损坏	修复或更换
执行元件动作太慢	泵输出流量不足或系统泄漏太大	检查、修复或更换
	油液黏度太高或太低	检查、调整或更换
	阀的控制压力不够或阀内阻尼孔堵塞	清洗、调整
	外负载过大	检查、调整
	放大器失灵或调得不对	调整修复或更换
	阀芯卡涩	清洗、过滤或换油
	卸或马达磨损失重	修理或更换
动作不规则	压力不正常	见 5.3 节消除
	油中混有空气	加油、排气
	指令信号不稳定	查找、修复
	放大器失灵或调得不对	调整、修复或更换
	传感器反馈失灵	修理或更换
	阀芯卡涩	清洗、滤油
	缸或马达磨损或损坏	修理或更换

系统液压冲击大的消除方法　　　表 2.1-14

现象及原因		消除方法
换向时产生冲击	换向时瞬时关闭、开启,造成动能或势能相互转换时产生的液压冲击	(1)延长换向时间; (2)设计带缓冲的阀芯; (3)加粗管径、缩短管路

续表

现象及原因		消除方法
液压缸在运动中突然被制动所产生的液压冲击	液压缸运动时,具有很大的动量和惯性,突然被制动,引起较大的压力增值故产生液压冲击	(1)液压缸进出油口处分别设置,反应快、灵敏度高的小型安全阀; (2)在满足驱动力时尽量减少系统工作压力,或适当提高系统背压; (3)液压缸附近安装囊式蓄能器
液压缸到达终点时产生的液压冲击	液压缸运动时产生的动量和惯性与缸体发生碰撞引起的冲击	(1)在液压缸两端设缓冲装置; (2)液压缸进出油口处分别设置反应快、灵敏度高的小型溢流阀; (3)设置行程(开关)阀

系统油温过高的消除方法 表 2.1-15

故障现象及原因	消除方法
设定压力过高	适当调整压力
溢流阀、卸荷阀、压力继电器等卸荷回路的元件工作不良	改正各元件工作不正常状况
卸荷回路的元件调定值不适当,卸压时间短	重新调定,延长卸压时间
阀的漏损大,卸荷时间短	修理漏损大的阀,考虑不采用大规格阀
高压小流量、低压大流量时不要由溢流阀溢流	变更回路,采用卸荷阀、变量泵
因黏度低或泵有故障,增大了泵的内泄漏量,使泵壳温度升高	换油,修理,更换液压泵
油箱内油量不足	加油,加大油箱
油箱结构不合理	改进结构,使油箱周围温升均匀
蓄能器容量不足或有故障	换大蓄能器,修理蓄能器
需要安装冷却器,冷却器容量不足,冷却器有故障,进水阀门工作不良,水量不足,油温自动调节装置有故障	安装冷却器,加大冷却器,修理冷却器的故障,修理阀门,增加水量,修理调温装置
溢流阀遥控口节流过量,卸荷的剩余压力高	进行适当调整
管路的阻力大	采用适当的管径
附近热源影响,辐射热大	采用隔热材料反射板或变更布置场所;设置通风、冷却装置等,选用合适的工作油液

液压泵常见故障及处理　　　　　表 2.1-16

故障现象	原因分析		消除方法
泵不输油	(1)泵不转	(1)电动机轴未转动： 1)未接通电源； 2)电气线路及元件故障	检查电气并排除故障
		(2)电动机发热跳闸： 1)溢流阀调压过高,超载荷后闷泵； 2)溢流阀阀芯卡死阀芯中心油孔堵塞或溢流阀阻尼孔堵塞造成超压不溢流； 3)泵出口单向阀装反或阀芯卡死而闷泵； 4)电动机故障	(1)调节溢流阀压力值； (2)检修阀阀； (3)检修单向阀； (4)检修或更换电动机
		(3)泵轴或电动机轴上无连接键： 1)折断； 2)漏装	(1)更换键； (2)补装键
		(4)泵内部滑动副卡死： 1)配合间隙太小； 2)零件精度差,装配质量差,齿轮与轴同轴度偏差太大；柱塞头部卡死；叶片垂直度差；转子摆差太大,转子槽有伤口或叶片有伤痕受力后断裂而卡死； 3)油液太脏； 4)油温过高使零件热变形； 5)泵的吸油腔进入脏物而卡死	(1)拆开检修,按要求选配间隙； (2)更换零件,重新装配,使配合间隙达到要求； (3)检查油质,过滤或更换油液； (4)检查冷却器的冷却效果,检查油箱油量并加油至油位线； (5)拆开清洗并在吸油口安装吸油过滤器
	(2)泵反转	电动机转向不对： (1)电气线路接错； (2)泵体上旋向箭头错误	(1)纠正电气线路； (2)纠正泵体上旋向箭头
	(3)泵轴仍可转动	泵轴内部折断 (1)轴质量差； (2)泵内滑动副卡死	检查原因,更换新轴

续表

故障现象	原因分析		消除方法
泵不输油	(4)泵不吸油	(1)油箱油位过低； (2)吸油过滤器堵塞； (3)泵吸油管上阀门未打开； (4)泵或吸油管密封不严； (5)泵吸油高度超标准且吸油管细长并弯头太多； (6)吸油过滤器过滤精度太高，或通油面积太小； (7)油的黏度太高； (8)叶片泵叶片未伸出，或卡死； (9)叶片泵变量机构动作不灵，使偏心量为零； (10)柱塞泵变量机构失灵，如加工精度差，装配不良，配合间隙太小，泵内部摩擦阻力太大，伺服活塞、变量活塞及弹簧芯轴卡死，通向变量机构的个别油道更换零件有堵塞以及油液太脏，油温太高，使零件热变形等； (11)柱塞泵缸体与配油盘之间不密封(如柱塞泵中心弹簧折断)； (12)叶片泵配油盘与泵体之间不密封	(1)加油至油位线； (2)清洗滤芯或更换； (3)检查打开阀门； (4)检查和紧固接头处，紧固泵盖螺钉，在泵盖结合处和接头连接处涂上油脂，或先向泵吸油口灌油； (5)降低吸油高度，更换管子减少弯头； (6)选择合的过滤精度，加大滤油器规格； (7)检查油的黏度，更换适宜的油液，冬季要检查加热器的效果； (8)拆开清洗，合理选配间隙检查油质，过滤或更换油液； (9)更换或调整变量机构； (10)拆开检查，修配或更换零件，合理选配间隙；过滤或更油液；检查冷却器效果；检查间箱内的油位并加至油位线； (11)更换弹簧； (12)拆开清洗重新装配

2 工程车基础知识

续表

故障现象	原因分析	消除方法
泵噪声大	(1)吸空现象严重	(1)吸油过滤器有部分堵塞,吸油阻力大; (2)吸油管距油面较近; (3)吸油位置太高或油箱液位太低; (4)泵和吸油管口密封不严; (5)油的黏度过高; (6)泵的转速太高(使用不当); (7)吸油过滤器通过面积过小; (8)非自吸泵的辅助泵供油量不足或有故障; (9)油箱上空气过滤器堵; (10)泵轴油封失效	(1)清洗或更换过滤器; (2)适当加长调整吸油管长度或位置; (3)降低泵的安装高度或提高液位高度; (4)检查连接处和结合面的密封,并紧固; (5)检查油质,按要求选用油的黏度; (6)控制在最高转速以下; (7)更换通油面积大的滤器; (8)修理或更换辅助泵; (9)清洗或更换空气过滤器; (10)更换
	(2)吸入气泡	(1)油液中溶解一定量的空气,在工作过程中又生成的气泡; (2)回油涡流强烈生成泡沫; (3)管道内或泵壳内存有空气; (4)吸油管浸入油面的深度不够	(1)在油箱内增设隔板,将回油经过隔板消泡后再吸入,油液中加消泡剂; (2)吸油管与回油管要隔开一定距离,回油管口要插入油面以下; (3)进行空载运转,排除空气; (4)加长吸油管,往油箱中注油使其液面升高

续表

故障现象	原因分析		消除方法
泵噪声大	(3)液压泵运转不良	(1)泵内轴承磨损严重或破损； (2)泵内部零件破损或磨损： 1)定子环内表面磨损严重； 2)齿轮精度低,摆差大	(1)拆开清洗,更换； (2)采取措施： 1)更换定子圈； 2)研配修复或更换
	(4)泵的结构因素	(1)卸荷槽设计不佳； (2)加工精度差； (3)变量泵变量机构工作不良(间隙过小,加工精度差,油液太脏等)； (4)双级叶片泵的压力分配阀工作不正常。(间隙过小,加工精度差,油液太脏等)	(1)改进设计,提高卸荷能力； (2)提高加工精度； (3)拆开清洗,修理,重新装配达到性能要求,过滤或更换油液； (4)拆开清洗,修理,重新装配达到性能要求,过滤或更换油液
	(5)泵安装不良	(1)泵轴与电动机轴同轴度差； (2)联轴器安装不良,同轴度差并有松动	(1)重新安装达到技术要求,同轴度一般应达到0.1mm以内； (2)重新安装达到技术要求,并用顶丝紧固联轴器
泵出油量不足	(1)容积效率低	泵内部滑动零件磨损严重： (1)叶片泵配油盘端面磨损严重； (2)齿轮端面与测板磨损严重； (3)齿轮泵因轴承损坏使泵体孔磨损严重； (4)柱塞泵柱塞与缸体孔磨损严重； (5)柱塞泵配油盘与缸体端面磨损严重	拆开清洗,修理和更换 (1)研磨配油盘端面； (2)研磨修理工工或更换； (3)更换轴承并修理； (4)更换柱塞并配研到要求间隙,清洗后重新装配； (5)研磨两端面达到要求,清洗后重新装配
		泵装配不良 (1)定子与转子、柱塞与缸体、齿轮与泵体、齿轮与侧板之间的间隙太大； (2)叶片泵、齿轮泵泵盖上螺钉拧紧矩不匀或有松动； (3)叶片和转子反装	(1)重新装配,按技术要求选配间隙； (2)重新拧紧螺钉并达到受力均匀； (3)纠正方向重新装配
		油的黏度过低(如用错或油温过高)	更换油液,检查油温过高原因,提出降温措施

续表

故障现象	原因分析		消除方法
泵噪声大	(2)供油量不足	非自吸泵的辅助泵供油量不足或有故障	修理或更换辅助泵
	(3)驱动机构功率过小	(1)电动机输出功率过小;1)设计不合理;2)电动机有故障。(2)机械驱动机构输出功率过小	(1)核算电动机功率,若不足应更换;(2)检查电动机并排除故障;(3)核算驱动功率并更换驱动机构
	(4)泵排量选得过大或压力调得过高	造成驱动机构或电动机功率不足	重新计算匹配压力,流量和功率,使之合理
	(5)油液过脏	个别叶片在转子槽内卡住或伸出困难	过滤或更换油液
	(6)泵装配不良	(1)个别叶片在转子槽内间隙过大,造成高压油向低压腔流动;(2)个别叶片在转子槽内间隙过小,造成卡住或伸出困难;(3)个别柱塞与缸体孔配合间隙过大,造成漏油量大	(1)拆开清洗,修配或更换叶片,合理选配间隙;(2)修配,使叶片运动灵活;(3)修配后使间隙达到要求
	(7)供油量波动	非自吸泵的辅助泵有故障	修理或更换辅助泵
异常发热	(1)装配不良	(1)间隙选配不当(如柱塞与缸体、叶片与转子槽、定子与转子、齿轮与侧板等配合间隙过小,造成滑动部件过热烧伤);(2)装配质量差,传动部分同轴度未达到技术要求,运转时有别劲现象;(3)轴承质量差,或装配时被打坏,或安装时未清洗干净,造成运转时别劲	(1)拆开清洗,测量间隙,重新配研达到规定间隙;(2)拆开清洗,重新装配,达到技术要求;(3)拆开检查,更换轴承,重新装配;1)安装好回油管;2)清洗管道;3)更换管子,减少管头

续表

故障现象	原因分析		消除方法
异常发热	(2)油液质量差	(1)油液的黏-温特性差,黏度变化大; (2)油中含有大量水分造成润滑不良; (3)油液污染严重	(1)按规定选用液压油; (2)更换合格的油液清洗油箱内部; (3)更换油液
	(3)管路故障	(1)泄油管压扁或堵死; (2)泄油管管径太细,不能满足排油要求; (3)吸油管径细,吸油阻力大	(1)清洗更换; (2)更改设计,更换管子; (3)加粗管径、减少弯头、降低吸油阻力
	(4)受外界条件影响	外界热源高,散热条件差	清除外界影响,增设隔热措施
轴封漏油	(1)安装不良	(1)密封件唇口装反; (2)骨架弹簧脱落; (3)轴的倒角不适当: 1)密封唇口翻开,使弹簧脱落; 2)装轴时不小心,使弹簧脱落; (4)密封唇部粘有异物; (5)密封唇口通过花键轴时被拉伤; (6)油封装斜了。 1)沟槽内径尺寸太小; 2)沟槽倒角过小; (7)装配时造成油封严重变形; (8)密封唇翻卷: 轴倒角太小,轴倒角处太粗糙	(1)拆下重新安装,拆装时不要损坏唇部若有变形或损伤应更换; (2)按加工图纸要求重新加工; 1)重新安装; 2)取下清洗,重新装配; (3)更换后重新安装; (4) 1)检查沟槽尺寸,按规定重新加工; 2)按规定重新加工。 (5)检查沟槽尺寸及倒角 (6)检查轴倒角尺寸和粗糙度,可用砂布打磨倒角处,装配时在轴倒角处涂上油脂

续表

故障现象	原因分析		消除方法
轴封漏油	(2)轴和沟槽加工不良	(1)轴加工错误： 1)轴颈不适宜,使油封唇口部位磨损,发热； 2)轴倒角不合要求,使油封唇口拉伤,弹簧脱落； 3)轴颈外表有车削或磨削痕迹； 4)轴颈表面粗糙使油封唇边磨损加快。 (2)沟槽加工错误： 1)沟槽尺寸过小,使油封装斜； 2)沟槽尺寸过大,油从外周漏出； 3)沟槽表面有划伤或其他缺陷,油从外周漏出	(1)检查尺寸,换轴。油封处的公差常用h8； (2)重新加工轴的倒角； (3)重新修磨,消除磨削痕迹； (4)重新加工达到图纸要求。 (5)更换泵盖,修配沟槽达到配合要求
	(3)油封本身有缺陷	油封质量不好,不耐油或对液压油相容性差,变质、老化失效造成漏油	更换相适应的油封橡胶件
	(4)泄油孔被堵	泄油孔被堵后,泄油压力增加,造成密封唇口变形太大,接触面增加,摩擦产生热老化,使油封失效,引起漏油	清洗油孔,更换油封
	(5)外接泄油管径过细或管道过长	泄油困难,泄油压力增加	适当增大管径或缩短泄油管长度
	(6)未接泄油管	泄油管未打开或未接泄油管	打开螺塞接上泄油管

液压马达常见故障及处理 表 2.1-17

故障现象	原因分析		消除方法
转速低转矩小	(1)液压泵供油量不足	(1)电动机转速不够； (2)吸油过滤器滤网堵塞； (3)油箱中油量不足或吸油管径过小造成吸油困难； (4)密封不严,不泄漏,空气侵入内部； (5)油的黏度过大； (6)液压泵轴向及径向间隙过大、内泄增大	(1)找出原因,进行调整； (2)清洗或更换滤芯； (3)加足油量,适当加大管径,使吸油通畅； (4)拧紧有关接头,防止泄漏或空气侵入； (5)选择黏度小的油液； (6)适当修复液压泵

续表

故障现象	原因分析		消除方法
转速低转矩小	(2)液压泵输出油压不足	(1)液压泵效率太低； (2)溢流阀调整压力不足或发生故障； (3)油管阻力过大(管道过长或过细)； (4)油的黏度较小,内部泄漏较大	(1)检查液压泵故障,并加以排除； (2)检查溢流故障,排除后重新调高压力； (3)更换孔径较大的管道或尽量减少长度； (4)检查内泄漏部位的密封情况,更换油液或密封
	(3)液压马达泄漏	(1)液压马达结合面没有拧紧或密封不好,有泄漏； (2)液压马达内部零件磨损,泄漏严重	(1)拧紧接合面检查密封情况或更换密封圈； (2)检查其损伤部位,并修磨或更换零件
	(4)失效	配油盘的支承弹簧疲劳,失去作用	检查、更换支承弹簧
泄漏	(1)内部泄漏	(1)配油盘磨损严重； (2)轴向间隙过大； (3)配油盘与缸体端面磨损轴向间隙过大； (4)弹簧疲劳； (5)柱塞与缸体磨损严重	(1)检查配油盘接触面,并加以修复； (2)检查并将轴向间隙至规定范围； (3)修磨缸体及配油盘端面； (4)更换弹簧； (5)研磨缸体孔、重配柱塞
	(2)外部泄漏	(1)油端密封,磨损； (2)盖板处的密封圈损坏； (3)结合面有污物或螺栓未拧紧； (4)管接头密封不严	(1)更换密封圈并查明磨损原因； (2)更换密封圈； (3)检查、清除并拧紧螺栓； (4)拧紧管接头

续表

故障现象	原因分析	消除方法
噪声	(1)密封不严,有空气侵入内部; (2)液压油被污染,有气泡混入; (3)联轴器不同心; (4)液压油黏度过大; (5)液压马达的径向尺寸严重磨损; (6)叶片已磨损; (7)叶片与定子接触不良,有冲撞现象; (8)定子磨损	(1)检查有关部位的密封,紧固各连接处; (2)更换清洁的液压油; (3)校正同心; (4)更换黏度较小的油液; (5)修磨缸孔,重配柱塞; (6)尽可能修复或更换; (7)进行修整; (8)进行修复或更换。如因弹簧过硬造成磨损加剧,则应更换刚度较小的弹簧

液压缸常见故障见处理 表 2.1-18

故障现象		原因分析	消除方法
活塞杆不能动作	(1)压力不足	(1)油液未进入液压缸: 1)换向阀未换向; 2)系统未供油; (2)虽有油,但没有压力: 1)系统有故障,主要是泵或溢流阀有故障; 2)内部泄漏严重,活塞与活塞杆松脱,密封件损坏严重; (3)压力达不到规定值: 1)密封件老化、失效,密封圈唇口装反或有破损; 2)活塞环损坏; 3)系统调定压力过低; 4)压力调节阀有故障; 5)通过调整阀的流量过小,液压缸内泄漏量增大时,流量不足,造成压力不足	(1): 1)检查换向阀未换向的原因并排除; 2)检查液压泵和主要液压阀的故障原因并排除; (2): 1)检查泵或溢流阀的故障原因并排除; 2)紧固活塞与活塞杆并更换密封件。 (3): 1)更换密封件,并正确安装; 2)更换活塞杆; 3)重新调整压力,直至达到要求值; 4)检查原因并排除; 5)调整阀的通过流量必须大于液压缸内泄漏量

续表

故障现象	原因分析		消除方法
活塞杆不能动作	(2)压力已达到要求但仍不动作	(1)液压缸结构上的问题： 1)活塞端面与缸筒端面紧贴在一起，工作面积不足，故不能启动； 2)具有缓冲装置的缸筒上单向阀回路被活塞堵住。 (2)活塞杆移动"别劲"： 1)缸筒与活塞，导向套与活塞杆配合间隙过小； 2)活塞杆与夹布胶木导向套之间的配合间隙过小； 3)液压缸装配不良(如活塞杆、活塞和缸盖之间同轴度差液压缸与工作台平行度差)	(1)： 1)端面上要加一条通油槽，使工作液体迅速流进活塞的工作端面； 2)缸筒的进出油口位置应与活塞端面错开。 (2)： 1)检查配合间隙，并配研到规定值； 2)检查配合间隙，修刮导向套孔，达到要求的配合间隙； 3)重新装配和安装，不合格零件应更换、检查原因并消除
速度达不到规定值	(1)内泄漏严重	(1)密封件破损严重； (2)油的黏度太低； (3)油温过高	(1)更换密封件； (2)更换适宜黏度的液压油； (3)检查原因并排除
	(2)外载荷过大	(1)设计错误，选用压力过低； (2)工艺和使用错误，造成外载比预定值大	(1)核算后更换元件，调大工作压力； (2)按设备规定值使用
	(3)活塞移动时"别劲"	(1)加工精度差，缸筒孔锥度和圆度超差。 (2)装配质量差： 1)活塞、活塞杆与缸之间同轴度差； 2)液压缸与工作台平行度差； 3)活塞杆与导向套配合间隙过小	(1)检查零件尺寸，更换无法修复的零件 (2) 1)按要求重新装配； 2)按照要求重新装配； 3)检查配合间隙，修刮导向套孔，达到要求的配合间隙
	(4)脏物进入润滑部位	(1)油液过脏； (2)防尘圈破损； (3)装配时未清洗干净或带入脏物	(1)过滤或更换油液； (2)更换防尘圈； (3)拆开清洗，装配时要注意清洁

续表

故障现象		原因分析	消除方法
速度达不到规定值	(5)活塞在端部行程时速度急剧下降	(1)缓冲调节阀的节流口调节过小,在进入缓冲行程时,活塞可能停止或速度急剧下降; (2)固定式缓冲装置中节流孔直径过小; (3)缸盖上固定式缓冲节流环与缓冲柱塞之间间隙过小	(1)缓冲节流阀的开口度要调节适宜,并能起到缓冲作用; (2)适当加大节流孔直径; (3)适当加大间隙
	(6)活塞移动到中途发现速度变慢或停止	(1)缸筒内径加工精度差,表面粗糙,使内泄量增大; (2)缸壁胀大,当活塞通过增大部位时,内泄漏量增大	(1)修复或更换缸筒; (2)更换缸筒
	(7)缸内进入空气	(1)新液压缸,修理后的液压缸或设备停机时间过长的缸,缸内有气或液压缸管道中排气未排净; (2)缸内部形成负压,从外部吸入空气; (3)从缸到换向阀之间管道的容积比液压缸内容积大得多,液压缸工作时,这段管道上油液未排完,所以空气也很难排净	(1)空载大行程往复运动,直到把空气排完; (2)先用油脂封住结合面和接头处,若吸空气情况有好转,则把紧固螺钉和接头拧紧; (3)可在靠近液压缸的管道中取高处加排气阀。拧开排气阀,活塞在全行程情况下运动多次,把气排完后再把排气阀关闭
缓冲装置故障	(1)缓冲作用过度	(1)缓冲调节阀的节流口开口过小; (2)缓冲柱塞"别劲"(如柱塞头与缓冲环间隙太小,活塞倾斜或偏心); (3)在柱塞头与缓冲环之间有脏物; (4)固定式缓冲装置柱塞头与衬套之间间隙太小	(1)将节流口调节到合适位置并紧固; (2)拆开清洗适当加大间隙,不合格的零件应更换; (3)修去毛刺和清洗干净; (4)适当加大间隙

续表

故障现象		原因分析	消除方法
缓冲装置故障	(2)缓冲作用失灵	(1)缓冲调节阀处于全开状态； (2)惯性能量过大； (3)缓冲调节阀不能调节； (4)单向阀处于全开状态或单向阀阀座封闭不严； (5)活塞上密封件破损,当缓冲腔压力升高时,工作液体从此腔向工作压力一侧倒流,故活塞不减速； (6)柱塞头或衬套内表面上有伤痕； (7)镶在缸盖上的缓冲环脱落； (8)缓冲柱塞锥面长度和角度不适宜	(1)调节到合适位置并紧固； (2)应设计合适的缓冲机构； (3)修复或更换； (4)检查尺寸,更换锥阀芯或钢球,更换弹簧,并配研修复； (5)更换密封件； (6)修复或更换； (7)更换新缓冲环； (8)修正
	(3)缓冲行程段出现"爬行"	(1)加工不良,如缸盖,活塞端面的垂直度不合要求,在全长上活塞与缸筒间隙不匀,缸盖与缸筒不同心；缸筒内径与缸盖中心线偏差大,活塞与螺帽端面垂直度不合要求造成活塞杆挠曲等； (2)装配不良,如缓冲柱塞与缓冲环相配合的孔有偏心或倾斜等	(1)对每个零件均仔细检查,不合格的零件不准使用； (2)重新装配确保质量
有外泄漏	(1)装配不良	(1)液压缸装配时端盖装偏,活塞杆与缸筒不同心,使活塞杆伸出困难,加速密封件磨损； (2)液压缸与工作台导轨面平行度差,使活塞伸出困难,加速密封件磨损； (3)密封件安装差错,如密封件划伤、切断,密封唇装反,唇口破损或轴倒角尺寸不对,密封件装错或漏装	(1)拆开检查,重新装配。 (2)拆开检查,重新安装,并更换密封件。 (3)更换并重新安装密封件： 1)重新安装； 2)重新安装,拧紧螺钉,使其受力均匀； 3)按螺孔深度合理选配螺钉长度

续表

故障现象	原因分析		消除方法
有外泄漏	(2)密封件质量问题	(1)保管期太长,密封件自然老化失效; (2)保管不良,变形或损坏; (3)胶料性能差,不耐油或胶料与油液相容性差; (4)制品质量差,尺寸不对,公差不符合要求	更换
	(3)活塞杆和沟槽加工质量差	(1)活塞杆表面粗糙,活塞杆头部倒角不符合要求或未倒角; (2)沟槽尺寸及精度不符合要求: 1)设计图纸有错误; 2)沟槽尺寸加工不符合标准; 3)沟槽精度差,毛刺多	(1)表面粗糙度应为$Ra0.2\mu m$并按要求倒角; (2): 1)按有关标准设计沟槽; 2)检查尺寸,并修正到要求尺寸; 3)修正并去毛刺
	(4)油的粘度过低	(1)用错了油品; (2)油液中渗有其他牌号的油液	更换适宜的油液
	(5)油温过高	(1)液压缸进油口阻力太大; (2)周围环境温度太高; (3)泵或冷却器等有故障	(1)检查进油口是否畅通; (2)采取隔热措施; (3)检查原因并排除
	(6)高频振动	(1)紧固螺钉松动; (2)管接头松动; (3)安装位置产生移动	(1)应定期紧固螺钉; (2)应定期紧固接头; (3)应定期紧固安装螺钉
	(7)活塞杆拉伤	(1)防尘圈老化、失效侵入砂粒切屑等脏物; (2)导向套与活塞杆之间的配合太紧,使活动表面产生过热,造成活塞杆表面铬层脱落而拉伤	(1)清洗更换防尘圈,修复活塞杆表面拉伤处; (2)检查清洗,用刮刀修刮导向套内径,达到配合间隙

溢流阀常见故障及处理　　　　表 2.1-19

故障现象	原因分析		消除方法
调不上压力	(1)主阀故障	(1)主阀芯阻尼孔堵塞(装配时主阀芯未清洗干净,油液过脏); (2)主阀芯在开启位置卡死(如零件精度低,装配质量差,油液过脏); (3)主阀芯复位弹簧折断或弯曲,使主阀芯不能复位	(1)清洗阻尼孔使之畅通;过滤或更换油液; (2)拆开检修,重新装配;阀盖紧固螺钉拧紧力要均匀;过滤或更换油液; (3)更换弹簧
	(2)先导阀故障	(1)调压弹簧折断; (2)调压弹簧未装; (3)锥阀或钢球未装; (4)锥阀损坏	(1)更换弹簧; (2)补装; (3)补装; (4)更换
	(3)远控口电磁阀故障或远控口未加丝堵而直通油箱	(1)电磁阀未通电(常开); (2)滑阀卡死; (3)电磁铁线圈烧毁或铁芯卡死; (4)电气线路故障	(1)检查电气线路接通电源; (2)检修、更换; (3)更换; (4)检修
	(4)装错	进出油口安装错误	纠正
	(5)液压泵	(1)滑动副之间间隙过大(如齿轮泵、柱塞泵); (2)叶片泵的多数叶片在转子槽内卡死; (3)叶片和转子方向装反	(1)修配间隙到适宜值; (2)清洗,修配间隙达到适宜值; (3)纠正方向
压力调不高	(1)主阀故障(若主阀为锥阀)	(1)主阀芯锥面封闭性差: 1)主阀芯锥面磨损或不圆; 2)阀座锥面磨损或不圆; 3)锥阀处有脏物黏住; 4)主阀芯锥面与阀座锥面不同心; 5)主阀芯工作有卡滞现象,阀芯不能与阀座严密结合。 (2)主阀压盖处有泄漏(如密封垫损坏,装配不良,压盖螺钉有松动等)	(1): 1)更换并配研; 2)更换并配研; 3)清洗并配研; 4)修配使之结合良好; 5)修配使之结合良好。 (2)拆开检修,更换密封垫重新装配,并确保螺钉拧紧力均匀

续表

故障现象	原因分析		消除方法
压力调不高	(2)先导阀故障	(1)调压弹簧弯曲,或太弱,或长度过短; (2)锥阀与阀座结合处封闭性差(如锥阀与阀座磨损,锥阀接触面不圆,接触面太宽进入脏物或被胶质粘住)	(1)更换弹簧; (2)检修更换清洗,使之达到要求
压力突然升高	(1)主阀故障	主阀芯工作不灵敏,在关闭状态突然卡死(如零件加工精度低,装配质量差,油液过脏等)	检修,更换零件,过滤或更换油液
	(2)先导阀故障	(1)先导阀阀芯与阀座结合面突然粘住,脱不开; (2)调压弹簧弯曲造成卡滞	(1)清洗修配或更换油液; (2)更换弹簧
压力突然下降	(1)主阀故障	(1)主阀芯阻尼孔突然被堵死; (2)主阀芯工作不灵敏,在关闭状态突然卡死(如零件加工精度低,装配质量差,油液过脏等); (3)主阀盖处密封垫突然破损	(1)清洗,过滤或更换油液; (2)检修更换零件,过滤或更换油液; (3)更换密封件
	(2)先导阀故障	(1)先导阀阀芯突然破裂; (2)调压弹簧突然折断	(1)更换阀芯; (2)更换弹簧
	(3)远腔口电磁阀故障	电磁铁突然断电,使溢流阀卸荷	检查电气故障并消除
压力波动(不稳定)	(1)主阀故障	(1)主阀芯动作不灵活,有时有卡住现象; (2)主阀芯阻尼孔有时堵有时通; (3)主阀芯锥面与阀座锥面接触不良,磨损不均匀; (4)阻尼孔径太大,造成阻尼作用差	(1)检修更换零件,压盖螺钉拧紧力应均匀; (2)拆开清洗,检查油质,更换油液; (3)修配或更换零件; (4)适当缩小阻尼孔径
	(2)先导阀故障	(1)调压弹簧弯曲; (2)锥阀与锥阀座接触不良,磨损不均匀; (3)调节压力的螺钉由于锁紧螺母松动而使压力变动	(1)更换弹簧; (2)修配或更换零件; (3)调压后应把锁紧螺母锁紧

续表

故障现象	原因分析		消除方法
振动与噪声	(1)主阀故障	主阀芯在工作时径向力不平衡,导致性能不稳定: (1)阀体与主阀芯几何精度差,棱边有毛刺; (2)阀体内粘附有污物,使配合间隙增大或不均匀	(1)检查零件精度,对不符合要求的零件应更换,并把棱边毛刺去掉; (2)检查更换零件
	(2)先导阀故障	(1)锥阀与阀座接触不良,圆周面的圆度不好,粗糙度数值大,造成调压弹簧受力不平衡,使锥阀振荡加剧,产生尖叫声; (2)调压弹簧轴心线与端面不够垂直,这样针阀会倾斜,造成接触不均匀; (3)调压弹簧在定位杆上偏向一侧; (4)装配时阀座装偏; (5)调压弹簧侧向弯曲	(1)把封油面圆度误差控制在 $0.005\sim0.01$ mm 以内; (2)提高锥阀精度,粗糙度应达 $Ra0.4\mu m$; (3)更换弹簧 (4)提高装配质量; (5)更换弹簧
	(3)系统存在空气	泵吸入空气或系统存在空气	排除空气
	(4)阀使用不当	通过流量超过允许值	在额定流量范围内使用
	(5)回油不畅	回油管路阻力过高或回油过滤器堵塞或回油管贴近油箱底面	适当增大管径,减少弯头,回油管口应离油箱底面2倍管径以上,更换滤芯
	(6)远控口管径选择不当	溢流阀远控口至电磁阀之间的管子通径不宜过大,过大会引起振动	一般管径取6mm较适宜

减压阀常见故障及处理　　　　　　表 2.1-20

故障现象		原因分析	消除方法
无二次压力	(1)主阀故障	主阀芯在全闭位置卡死(如零件加工精度低);主阀弹簧折断,弯曲变形,阻尼孔堵塞	修理、更换零件和弹簧,过滤或更换油液
	(2)无油源	未向减压阀供油	检查油路消除故障
不起减压作用	(1)使用错误	泄油口不通 (1)螺塞未拧开; (2)泄油管细长,弯头多,阻力太大; (3)泄油管与主回油管道相连,回油背压太大; (4)泄油通道堵塞、不通	(1)将螺塞拧开; (2)更换符合要求的管子; (3)泄油管必须与回油管道分开,单独流回油箱; (4)清洗泄油通道
	(2)主阀故障	主阀芯在全开位置时卡死(如零件精度低,油液过脏等)	修理、更换零件,检查油质,更换油液
	(3)锥阀故障	调压弹簧太硬,弯曲并卡住不动	更换弹簧
二次压力不稳定	主阀故障	(1)主阀芯与阀体几何精度差,工作时不灵敏; (2)主阀弹簧太弱,变形或将主阀芯卡住,使阀芯移动困难; (3)阻尼小孔时堵时通	(1)检修,使其动作灵活; (2)更换弹簧; (3)清洗阻尼小孔
二次压力升不高	(1)外泄漏	(1)顶盖结合面漏油,其原因如:密封件老化失效,螺钉松动或拧紧力矩不均; (2)各线堵处有漏油	(1)更换密封件,紧固螺钉并保证力矩均匀; (2)紧固并消除外漏
	(2)锥阀故障	(1)锥阀与阀座接触不良 (2)调压弹簧太弱	(1)修理或更换 (2)更换

顺序阀常见故障及处理   表 2.1-21

故障现象	原因分析	消除方法
始终出油，不起顺序阀作用	(1)阀芯在打开位置上卡死(如几何精度差，间隙太小；弹簧弯曲，断裂；油液太脏)； (2)单向阀在打开位置上卡死(如几何精度差，间隙太小；弹簧弯曲、断裂；油液太脏)； (3)单向阀密封不良(如几何度差)； (4)调压弹簧断裂； (5)调压弹簧漏装； (6)未装锥阀或钢球	(1)修理，使配合间隙达到要求，并使阀芯移动灵活；检查油质，若不符合要求应过滤或更换；更换弹簧； (2)修理，使配合间隙达到要求，并使单向阀芯移动灵活；检查油质，若不符合要求，应过滤或更换，更换弹簧； (3)修理，使单向阀的密封良好； (4)更换弹簧； (5)补装弹簧； (6)补装
始终不出油，不起顺序阀作用	(1)阀芯在关闭位置上卡死(如几何精度差；弹簧弯曲；油脏)； (2)控制油液流动不畅通(如阻尼小孔堵死，或远控管道被压扁堵死)； (3)远控压力不足，或下端盖结合处漏油严重； (4)通向调压阀油路上的阻尼孔被堵死； (5)泄油管道中背压太高，使滑阀不能移动； (6)调节弹簧太硬，或压力调得太高	(1)修理，修滑阀移动灵活，更换弹簧；过滤或更换油液； (2)清洗或更换管道，过滤或更换油液； (3)提高控制压力，拧紧端盖螺钉并使之受力均匀； (4)清洗； (5)泄油管道不能接在回油管道上，应单独接回油箱； (6)更换弹簧，适当调整压力
调定压力值不符合要求	(1)调压弹簧调整不当； (2)调压弹簧侧向变形，最高压力调不上去； (3)滑阀卡死，移动困难	(1)重新调整所需的压力； (2)更换弹簧； (3)检查滑阀的配合间隙，修配，使滑阀移动灵活；过滤或更换油液
振动与噪声	(1)回油阻力(背压)太高； (2)油温过高	(1)降低回油阻力； (2)控制油温在规定范围内
单向顺序阀反向不能回油	单向阀卡死打不开	检修单向阀

流量阀常见故障及处理 表 2.1-22

故障现象	原因分析		消除方法
调整节流阀手柄无流量变化	(1)压力补偿阀不动作	压力补偿阀芯在关闭位置上卡死 (1)阀芯与阀套几何精度差间隙太小； (2)弹簧侧向弯曲、变形而使阀芯卡住； (3)弹簧太弱	(1)检查精度,修配间隙达到要求,移动灵活； (2)更换弹簧； (3)更换弹簧
	(2)节流阀故障	(1)油液过脏,使节流口堵死； (2)手柄与节流阀芯装配位置不合适； (3)节流阀芯上连接失落或未装键； (4)节流阀芯因配合间隙过小或变形而卡死； (5)调节杆螺纹被脏物堵住造成调节不良	(1)检查油质,过滤油液； (2)检查原因,重新装配； (3)更换键或补装键； (4)清洗,修配间隙或更换零件； (5)拆开清洗
	(3)系统未供油	换向阀阀芯未换向	检查原因并消除
执行元件运动速度不稳定（流量不稳定）	(1)压力补偿阀故障	(1)压力补偿阀阀芯工作不灵敏： 1)阀芯有卡死现象； 2)补偿阀的阻尼小孔时堵时通； 3)弹簧侧向弯曲、变形,或弹簧端面与弹簧线不垂直。 (2)压力补偿阀阀芯在全开位置上卡死： 1)补偿阀阻尼小孔堵死； 2)阀芯与阀套几何精度差配合间隙过小； 3)弹簧侧向弯曲、变形而使阀芯卡住	(1)： 1)修配,达到移动灵活； 2)清洗阻尼孔,若油液过脏应更换； 3)更换弹簧。 (2)： 1)清洗阻尼孔,若油液过脏应更换； 2)修理达到移动灵活； 3)更换弹簧
	(2)节流阀故障	(1)节流口处积有污物,造成时堵时通； (2)简式节流阀外载荷变化会引起流量变化	(1)拆开清洗,检查油质,若油质不合格应更换； (2)对外载荷变化大的或要求执行元件运动速度非常平稳的系统,应改用调速阀

续表

故障现象		原因分析	消除方法
执行元件运动速度不稳定（流量不稳定）	(3)油液品质劣化	(1)油温过高,造成通过节流口变化; (2)带有温度补偿的流量控制阀的补偿杆敏感性差,已损坏; (3)油液过脏,堵死节流口或阻尼孔	(1)检查温升原因,降低油温,并控制在要求范围内; (2)选用对温度敏感性强的材料做补偿杆,坏的应更换; (3)清洗,检查油质,不合格的应更换
	(4)单向阀故障	在带单向阀的流量控制阀中,单向阀的密封性不好	研磨单向阀,提高密封性
	(5)管路振动	(1)系统中有空气; (2)由于管路振动使调定的位置发生变化	(1)应将空气排净; (2)调整后用锁紧装置锁住
	(6)泄漏	内泄和外泄使流量不稳定,造成执行元件工作速度不均匀	消除泄漏,或更换元件

电（液、磁）换向阀常见故障及处理　　表 2.1-23

故障现象		原因分析	消除方法
主阀芯不运动	(1)电磁铁故障	(1)电磁铁线圈烧坏; (2)电磁铁推动力不足或漏磁; (3)电气线路出故障; (4)电磁铁未加上控制信号; (5)电磁铁铁芯卡死	(1)检查原因,进行修理或更换; (2)检查原因,进行修理或更换; (3)消除故障; (4)检查后加上控制信号; (5)检查或更换
	(2)先导电磁阀	(1)阀芯与阀体孔卡死（如零件几何精度差;阀芯阀孔配合过紧;油液过脏）; (2)弹簧侧弯,使滑阀卡死	(1)修理配合间隙达到要求,使阀芯移动灵活;过滤或更换油液; (2)更换弹簧
	(3)主阀芯卡死	(1)阀芯与阀体几何精度差; (2)阀芯与阀孔配合太紧; (3)阀芯表面有毛刺	(1)修理配合间隙达到要求; (2)修理配研间隙达到要求; (3)去毛刺,冲洗干净

续表

故障现象		原因分析	消除方法
主阀芯不运动	(4)液控油路故障	(1)控制油路无油： 1)控制油路电磁阀未换向； 2)控制油路被堵塞。 (2)控制油路压力不足： 1)阀端盖处漏油； 2)滑阀排油腔一侧节流阀调节得过小或被堵死	(1)： 1)检查原因并消除； 2)检查清洗，并使控制油路畅通。 (2)： 1)拧紧端盖螺钉； 2)清洗节流阀并调整适宜
	(5)油液变质或油温过高	(1)油液过脏使阀芯卡死； (2)油温过高，使零件产生热变形，而产生卡死现象； (3)油温过高，油液中产生胶质，粘住阀芯而卡死； (4)油液黏度太高，使阀芯移动困难而卡住	(1)过滤或更换； (2)检查油温过高原因并消除； (3)清洗、消除油温过高； (4)更换适宜的油液
	(6)安装不良	阀体变形： (1)安装螺钉拧紧力矩不均匀； (2)阀体上连接的管子"别劲"	(1)重新紧固螺钉，并使之受力均匀； (2)重新安装
	(7)复位弹簧不符合要求	(1)弹簧力过大； (2)弹簧侧弯变形，致使阀芯卡死； (3)弹簧断裂不能复位	更换适宜的弹簧
阀芯换向动	(1)阀开口冲击	(1)电磁阀中推杆过短磁铁规格大，吸合速度快而产生冲击； (2)液动换向阀，因控制流量过大，阀芯移动速度太快而产生冲击； (3)单向节流阀中的单向阀钢球漏装或钢球破碎，不起阻尼作用	(1)更换适宜长度的推杆应优先选用电液动换向阀； (2)调小节流阀节流口减慢阀芯移动速度； (3)检修单向节流阀
	(2)振动	固定电磁铁的螺钉松动	紧固螺钉，并加防松垫圈

多路换向阀常见故障及处理　　　　　　表 2.1-24

故障现象	原因分析	消除方法
压力波动及噪声	溢流阀弹簧侧弯或太软 溢流阀阻尼孔堵塞 单向阀关闭不严 锥阀与阀座接触不良	更换弹簧 清洗,使通道畅通 修复或更换 调整或更换
阀杆动作不灵活	复位弹簧和限位弹簧损坏 轴用弹性挡圈损坏 防尘密封圈过紧	更换损坏的弹簧 更换弹性挡圈 更换防尘密封圈
泄漏	锥阀与阀座接触不良 双头螺钉未紧固	调整或更换 按规定紧固

液控单向阀常见故障及处理　　　　　　表 2.1-25

故障现象		原因分析	消除方法
反方向不密封有泄漏	单向阀不密封	(1)单向阀在全开位置上卡死； 1)阀芯与阀孔配合过紧； 2)弹簧侧弯、变形、太弱 (2)单向阀锥面与阀座锥面接触不均匀： 1)阀芯锥面与阀座同轴度差； 2)阀芯外径与锥面不同心； 3)阀座外径与锥面不同心； 4)油液过脏	(1)： 1)修配,使阀芯移动灵活； 2)更换弹簧。 (2)： 1)检修或更换； 2)检修或更换； 3)检修或更换； 4)过滤油液或更换
反向打不开	单向阀打不开	(1)控制压力过低； (2)控制管路接头漏油严重或管路弯曲,被压扁使油不畅通； (3)控制阀芯卡死(如加工精度低,油液过脏)； (4)控制阀端盖处漏油； (5)单向阀卡死(如弹簧弯曲;单向阀加工精度低;油液过脏)	(1)提高控制压力,使之达到要求值； (2)紧固接头,消除漏油或更换管子； (3)清洗、修配,使阀芯移动灵活； (4)紧固端盖螺钉,并保证拧紧力矩均匀； (5)清洗、修配,使阀芯移动灵活；更换弹簧；过滤或更换油液

2　工程车基础知识　｜　95

压力继电器（压力开关）常见故障及处理 表 2.1-26

故障现象	原因分析	消除方法
无输出信号	(1)微动开关损坏； (2)电气线路故障； (3)阀芯卡死或阻尼孔堵死； (4)进油管路弯曲、变形，使油液流动不畅通； (5)调节弹簧太硬或压力调得过高； (6)与微动开关相接的触头未调整； (7)弹簧和顶杆装配不良，有卡滞现象	(1)更换微动开关； (2)检查原因，排除故障； (3)清洗，修配，达到要求； (4)更换管子，使油液流动畅通； (5)更换适宜的弹簧或按要求调节压力值； (6)精心调整，使接头接触良好； (7)重新装配，使动作灵敏
灵敏度太差	(1)顶杆柱销处摩擦力过大，或钢球与柱塞接触处摩擦力过大； (2)装配不良，动作不灵活或"别劲"； (3)微动开关接触行程太长； (4)调整螺钉、顶杆等调节不当； (5)钢球不圆； (6)阀芯移动不灵活； (7)安装不当，如不平和倾斜安装	(1)重新装配，使动作灵敏； (2)重新装配，使动作灵敏； (3)合理调整位置； (4)合理调整螺钉和顶杆位置； (5)更换钢球； (6)清洗、修理，达到灵活； (7)改为垂直或水平安装
发信号太快	(1)进油口阻尼孔大； (2)膜片碎裂； (3)系统冲击压力太大； (4)电气系统设计有误	(1)阻尼孔适当改小，或在控制管路上增设阻尼管(蛇形管)； (2)更换膜片； (3)在控制管路上增设阻尼管以减弱冲击压力； (4)按工艺要求设计电气系统

（2）液压控制系统的安装、调试和故障处理要点

1）液压控制系统的安装、调试

液压控制系统与液压传动系统的区别在于前者要求其液压执行机构的运动能够高精度地跟踪随机的控制信号的变化。液压控制系统多为闭环控制系统，因而就有系统稳定性、响应速度和精

度的需要。为此，需要有机械-液压-电气一体化的电液伺服阀、伺服放大器、传感器，高清洁度的油和相应的管路布置。液压控制系统的安装、调试要点如下：

① 油箱内壁材料或涂料不应成为油液的污染源，液压控制系统的油箱材料最好采用不锈钢。

② 采用高精度的过滤器，根据电液伺服阀对过滤精度的要求，一般为 $5\sim10\mu m$。

③ 油箱及管路系统经过一般性的酸洗等处理过程后，注入低黏度的液压油，进行无负荷循环冲洗。循环冲洗须注意以下几点：(a) 冲洗前安装伺服阀的位置应用短路通道板代替；(b) 冲洗过程中过滤器阻塞较快，应及时检查和更换；(c) 冲洗过程中定时提取油样，用污染测定仪器进行污染测定并记录，直至冲洗合格为止；(d) 冲洗合格后放出全部清洗油，通过精密过滤器向油箱注入合格的液压油。

④ 为了保证液压控制系统在运行过程中有更好的净化功能，最好增设低压自循环清洗回路。

⑤ 电液伺服阀的安装位置尽可能靠近液压执行元件，伺服阀与执行元件之间尽可能少用软管，这些都是为了提高系统的频率响应。

⑥ 电液伺服阀是机械、液压和电气一体化的精密产品，安装、调试前必须具备有关的基本知识，特别是要详细阅读、理解产品样本和说明书。注意以下几点：(a) 安装的伺服阀的型号与设计要求是否相符，出厂时的伺服阀动、静态性能测试资料是否完整；(b) 伺服放大器的型号和技术数据是否符合设计要求，其可调节的参数要与所使用的伺服阀匹配；(c) 检查电液伺服阀的控制线圈联接方式，串联、并联或差动联接方式，哪一种符合设计要求；(d) 反馈传感器（如位移，力，速度等传感器）的型号和联接方式是否符合设计需要，特别要注意传感器的精度，它直接影响系统的控制精度；(e) 检查液压油压力和稳定性是否符合设计要求，如果系统有蓄能器，需检查充气压力。

⑦ 液压控制系统采用的液压缸应是低摩擦力液压缸,安装前应测定其最低启动压力,作为日后检查液压缸的根据。

⑧ 液压控制系统正式运行前应仔细排除气体,否则对系统的稳定性和刚度都有较大的影响。

⑨ 液压控制系统正式使用前应进行系统调试,可按以下几点进行:(a)零位调整,包括伺服阀的调零及伺服放大器的调零,为了调整系统零位,有时加入偏置电压;(b)系统静态测试,测定被控参数与指令信号的静态关系,调整合理的放大倍数,通常放大倍数愈大静态误差愈小,控制精度愈高,但容易造成系统不稳定;(c)系统的动态测试,采用动态测试仪器,通常需测出系统稳定性,频率响应及误差,确定是否能满足设计要求。系统动、静态测试记录可作为日后系统运行状况评估的根据。

⑩ 液压控制系统投入运行后应定期检查以下记录数据:油温,油压,油液污染程度;运行稳定情况,执行机构的零偏情况,执行元件对信号的跟踪情况。

液压控制系统的故障处理 表 2.1-27

液压控制系统的故障现象	故障排除方法
(1)控制信号输入系统后执行元件不动作	(1)检查系统油压是否正常,判断液压泵、溢流阀工作情况; (2)检查执行元件是否有卡锁现象; (3)检查伺服放大器的输入、输出电信号是否正常,判断其工作情况; (4)检查电液伺服阀的电信号有输入和有变化时,液压输出是否正常,用以判断电液伺服阀是否正常。伺服阀故障一般应由生产厂家处理
(2)控制信号输入系统后执行元件向某一方向运动到底	(1)检查传感器是否接入系统; (2)检查传感器的输出信号与伺服放大器是否误接成正反馈; (3)检查伺服阀可能出现的内部反馈故障
(3)执行元件零位不准	(1)检查伺服阀的调零偏置信号是否调节正常; (2)检查伺服阀调零是否正常; (3)检查伺服阀的颤振信号是否调节正常

续表

液压控制系统的故障现象	故障排除方法
(4)执行元件出现振荡	(1)检查伺服放大器的放大倍数是否调得过高; (2)检查传感器的输出信号是否正常; (3)检查系统油压是否太高
(5)执行元件跟不上输入信号的变化	(1)检查伺服放大器的放大倍数是否调得过低; (2)检查系统油压是否太低; (3)检查执行元件和运动机构之间游隙太大
(6)执行机构出现爬行现象	(1)油路中气体没有排尽; (2)运动部件的摩擦力过大; (3)油源压力不够

2.1.4 电工基础

本节将介绍电路和电路模型的概念、理想电路元件及其伏安特性、电路中的基本物理量和基本定律。着重讨论电流和电压的参考方向、基尔霍夫定律及电路等效原理等。通过本章内容的学习可了解和掌握电路中的基本概念和定律,为后续分析复杂电路打下一个基础。

1. 电路和电路模型

(1) 实际电路及其基本功能:人们在生产和生活中使用的电器设备如:电动机、电视机、计算机等都由实际电路构成。实际电路的结构组成包括:电源、负载和中间环节。其中电源的作用是为电路提供能量,如发电机利用机械能或核能转化为电能,蓄电池利用化学能转化为电能,光电池利用光能转化为电能等;负载则将电能转化为其他形式的能量加以利用,如电动机将电能转化为机械能,电炉将电能转化为热能等;中间环节用作电源和负载的联接体,包括导线、开关、控制线路中的保护设备等。

在电力系统、电子通信、自动控制、计算机以及其他各类系统中,电路有着不同的功能和作用。电路的作用可以概括为以下两个方面:一是实现电能的传输和转换,将电能转化为光能和热能等,二是实现信号的传递和处理。

(2) 理想电路元件和电路模型:实际电路由各种作用不同的

电路元件或器件所组成。实际电路元件种类繁多，且电磁性质较为复杂。为便于对实际电路进行分析和数学描述，需将实际电路元件用能够代表其主要电磁特性的理想电路元件或它们的组合来表示。理想电路元件是指只反映某一个物理过程的电路元件，包括电阻、电感、电容、电源等。如图 2.1-10 是电工技术中经常用到的三种理想电路元件的电路符号。

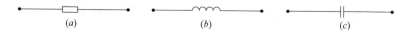

图 2.1-10　三种理想电路元件的电路符号

(a) 电阻元件 R；(b) 电感元件 L；(c) 电容元件 C

由理想元件所组成的电路称为实际电路的电路模型，如图 2.1-11 中的白炽灯照明电路的电路模型。

2. 电路的基本物量

在分析各种电路之前，我们先来介绍电路中的基本物理量，包括电流、电压和功率及其相关的概念。

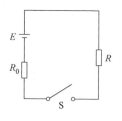

图 2.1-11　白炽灯照明电路

（1）电流及其参考方向：电荷的定向移动形成电流。在电场的作用下，正电荷与负电荷向不同的方向移动，习惯上规定正电荷的移动方向为电流的方向（事实上，金属导体内的电流是由带负电的电子的定向移动产生的）。

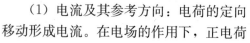

图 2.1-12　电流的参考方向

电流的参考方向：是一种任意的选定的方向，当 $i>0$ 时参考方向与实际方向一致，当 $i<0$ 时参考方向与实际方向相反（图 2.1-12）。

图 2.1-13 (a) 中参考方向下，通过元件 A 的电流为 3A，说明实际电流的大小为 3A，方向（如虚箭头所示）与参考方向相同。图 2.1-13 (b) 中参考方向下，通过元件 B 的电流为 2A，

说明实际电流的大小为 2A，方向与参考方向相反。

（2）电压及其参考向

电压也称电位差（或电势差），定义为电场力将单位正电荷由点 a 移动到点 b 所做的功。电路中 a、b 两点间的电压用 u_{ab} 表示，即

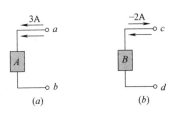

图 2.1-13 参考方向下的电流
(a) 电流为正值；(b) 电流为负值

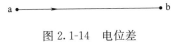

图 2.1-14 电位差

电压的参考方向：是一种任意的选定的方向，当 $U>0$ 时参考方向与实际方向一致，当 $U<0$ 时参考方向与实际方向相反（图 2.1-14）。

图 2.1-15（a）中参考方向下，元件 A 两端的电压为 5V，表示元件 A 两端实际电压的大小为 5V，方向由 a 到 b，与参考方向相同。图 2.1-15 中参考方向下，元件 B 两端的电压为 −6V，表示元件 B 两端实际电压的大小为 6V，方向由 d 到 c，与参考方向相反。

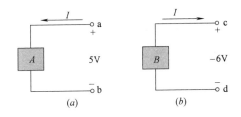

图 2.1-15 参考方向下的电压
(a) 关联方向；(b) 非关联方向

如果不特别指出，书中电路图上所标明的电流和电压方向都为参考方向。当电流、电压的参考方向一致时，称为关联方向，

见图 2.1-15（a）；否则为非关联方向，见图 2.1-15（b）。

3. 电压源和电流源：独立电源指电源输出的电压（电流）仅由独立电源本身性质决定与电路中其余部分的电压（电流）无关。

分类 { 电压源 / 电流源 }

电压源 1. 理想电压源：若一个二端元件输出电压恒定则称为理想电压源。

（1）电路符号（图 2.1-16）

（2）基本性质

图 2.1-16 电路符号

输出电压恒定，和外电路无关；其流过的电流由外电路决定。

$$I = \frac{U_s}{R_s} = \frac{U}{R}$$

（3）伏安曲线（图 2.1-17）

（4）实际电源

若一个二端元件所输出的电压随流过它的电流而变化就称为实际电流源。

1）电路模型（图 2.1-18）

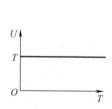

图 2.1-17 电压源伏安曲线

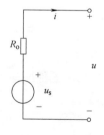

图 2.1-18 电压源电路模型

2）伏安特性（图 2.1-19）

$$u = iR_s + u_s$$

3）三种工作状态

① 加载 $u=u_s-R_s i$

② 开路 $i=0$　$u_{oc}=u_s$　u_{oc} 开路电压

③ 短路 $u=0$

$i_{sc}=u_s/R$　（i_{sc} 短路电流）

（5）电流源

1）理想电流源

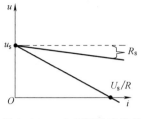

图 2.1-19　电压源伏安特性

若一个二端元件的输出电流恒定时，则称为理想电流源。

① 电路符号（图 2.1-20）

② 基本性质

（a）输出电流恒定和外电路无关 $U=RI=RI_s$。

（b）其端电压由外电路确定。

③ 伏安曲线（图 2.1-21）

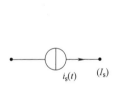

图 2.1-20　电路符号

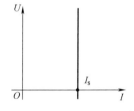

图 2.1-21　电流源伏安曲线

2）实际电流源

若一个二端元件所输出的电流随其端电压变化而变化称为实际电流源。

① 电路模型（图 2.1-22）

② 伏安特性（图 2.1-23）

$$i=i_s-u_s/R_s=i_s-G_s u$$

③ 三种工作状态

加载 $i=i_s-u/R_s$

短路 $u=0$，$i_{sc}=-i_{sc}$。

开路 $i=0$,$u_{oc}=R_{si}$

4. 正弦交流电流电路

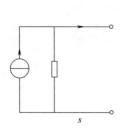

图 2.1-22 电流源电路模型

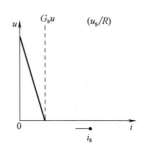

图 2.1-23 电流源伏安特性

正弦量：随时间 t 按照正弦规律变化的物理量，都称为正弦量，它们在某时刻的值称为该时刻的瞬时值，则正弦电压和电流分别用小写字母 i、u 表示。

周期量：时变电压和电流的波形周期性的重复出现。周期 T：每一个瞬时值重复出现的最小时间间隔，单位：秒（s）；频率 f：是每秒中周期量变化的周期数，单位：赫兹（Hz）。显然，周期和频率互为倒数，即 $f=1/T$。

交变量：一个周期量在一个周期内的平均值为零。可见，正弦量不仅是周期量，而且还是交变量（图 2.1-24）。

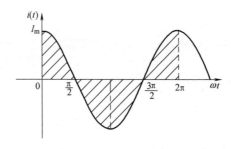

图 2.1-24 交变量

5. 接地的概念与系统

(1) 接地的概念

所谓"接地",就是为了工作或保护的目的,将电气设备或通信设备中的接地端子,通过接地装置与大地作良好的电气连接,并将该部位的电荷注入大地,达到降低危险电压和防止电磁干扰的目的。

(2) 接地系统 所有接地体与接地引线组成的装置,称为接地装置,把接地装置通过接地线与设备的接地端子连接起来就构成了接地系统(图 2.1-25)。

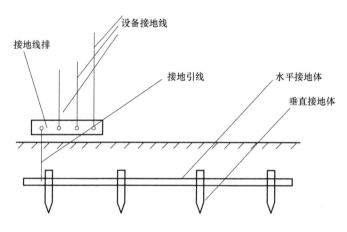

图 2.1-25 接地系统

(3) 接地电阻

一般是由接地引线电阻,接地体本身电阻,接地体与土壤的接触电阻以及接地体周围呈现电流区域内的散流电阻四部分组成(接地电阻主要由接触电阻和散流电阻构成)。

6. 接地分类及作用

按带电性质可分为交流接地系统和直流接地系统两大类。按用途可分为工作接地系统、保护接地系统和防雷接地系统。而防雷接地系统中又可分为设备防雷和建筑防雷(图 2.1-26)。

对地电压:电气设备的接地部分,如接地外壳、接地线或接地体等与大地之间的电位差,称为接地的对地电压 U_d。(离接地

体越远越小)

接触电压：在接地电阻回路上，一个人同时触及的两点间所呈现的电位差，称为接触电压U_c。〔离接地体越远越大（就近接地）〕。

跨步电压：在电场作用范围内（以接地点为圆心，20m为半径的圆周），人体如双脚分开站立，则施加于两脚的电位不同而导致两脚间存在电位差，此电位差便称为跨步电压U_k。（离接地体越远越小）

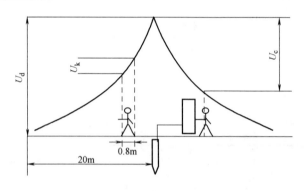

图 2.1-26　接地电压的分类

7. 常用电气元件及接触器控制

(1) 常用控制电器元件

对电动机和生产机械实现控制和保护的电工设备叫做控制电器。控制电器的种类很多，按其动作方式可分为手动和自动两类。手动电器的动作是由工作人员手动操纵的，如刀开关、组合开关、按钮等。自动电器的动作是根据指令、信号或某个物理量的变化自动进行的，如中间继电器、交流接触器等。

1) 刀开关

刀开关又叫闸刀开关，一般用于不频繁操作的低压电路中，用作接通和切断电源，或用来将电路与电源隔离，有时也用来控制小容量电动机的直接启动与停机。刀开关由闸刀（动触点）、静插座（静触点）、手柄和绝缘底板等组成（图 2.1-27）。

刀开关种类很多。按极数分为单极、双极和三极；按结构分为平板式和条架式；按操作方式分为直接手柄操作式、杠杆操作机构式和电动操作机构式；按转换方向分为单投和双投等。

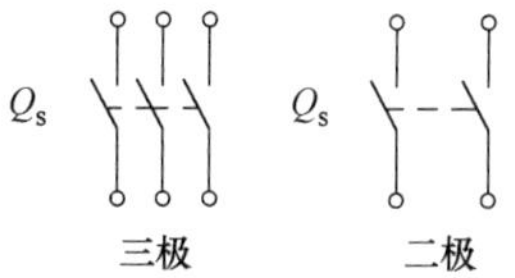

图 2.1-27 刀闸开关

刀开关一般与熔断器串联使用，以便在短路或过负荷时熔断器熔断而自动切断电路。刀开关额定电压通常为 250V 和 500V，额定电流在 1500A 以下。

安装刀开关时，电源线应接在静触点上，负荷线接在与闸刀相连的端子上。对有熔断丝的刀开关，负荷线应接在闸刀下侧熔断丝的另一端，以确保刀开关切断电源后闸刀和熔断丝不带电。在垂直安装时，手柄向上合为接通电源，向下拉为断开电源，不能反装。

刀开关的选用主要考虑回路额定电压、长期工作电流以及短路电流所产生的动热稳定性等因素。刀开关的额定电流应大于其所控制的最大负荷电流。用于直接起停 3kW 及以下的三相异步电动机时，刀开关的额定电流必须大于电动机额定电流的 3 倍。

2）组合开关

组合开关又叫转换开关，是一种转动式的闸刀开关，主要用于接通或切断电路、换接电源、控制小型鼠笼式三相异步电动机的启动、停止、正反转或局部照明。组合开关有若干个动触片和静触片，分别装于数层绝缘件内，静触片固定在绝缘垫板上，动触片装在转轴上，随转轴旋转而变更通、断位置（图 2.1-28）。

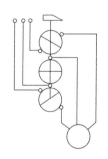

图 2.1-28 组合开关

3）自动开关

正常情况下过流脱扣器的衔铁是释放着的，严重过载或短路时，线圈因流过大电流而产生较大的电磁吸力，把衔铁往下吸而顶开锁钩，使主触点断开，起过流保护作用。欠压脱扣器在正常情况下吸住衔铁，主触点闭合，电压严重下降或断电时释放衔铁而使主触点断开，实现欠压保护。电源电压正常时，必须重新合闸才能工作。

4) 按钮的触点分常闭触点（动断触点）和常开触点（动合触点）两种。常闭触点是按钮未按下时闭合、按下后断开的触点。常开触点是按钮未按下时断开、按下后闭合的触点。按钮按下时，常闭触点先断开，然后常开触点闭合；松开后，依靠复位弹簧使触点恢复到原来的位置（图2.1-29）。

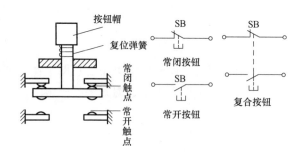

图2.1-29　自动开关

5) 行程开关

行程开关也称为位置开关，主要用于将机械位移变为电信号，以实现对机械运动的电气控制。当机械的运动部件撞击触杆时，触杆下移使常闭触点断开，常开触点闭合；当运动部件离开后，在复位弹簧的作用下，触杆回复到原来位置，各触点恢复常态（图2.1-30）。

(2) 常用保护元件

1) 熔断器

熔断器主要作短路或过载保护用，串联在被保护的线路中。线路正常工作时如同一根导线，起通路作用；当线路短路或过载

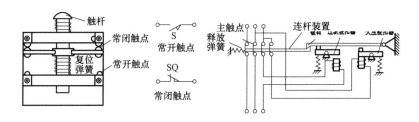

图 2.1-30 行程开关

时熔断器熔断,起到保护线路上其他电器设备的作用。

选择熔体额定电流的方法如下:

① 电灯支线的熔体:熔体额定电流≥支线上所有电灯的工作电流之和。

② 1台电动机的熔体:熔体额定电流≥电动机的启动电流/2.5,如果电动机启动频繁,则为:熔体额定电流≥电动机的启动电流/(1.6~2)。

③ 几台电动机合用的总熔体:熔体额定电流=(1.5~2.5)×容量最大的电动机的额定电流,其余电动机的额定电流之和。

2) 交流接触器

线圈通电时产生电磁吸引力将衔铁吸下,使常开触点闭合,常闭触点断开。线圈断电后电磁吸引力消失,依靠弹簧使触点恢复到原来的状态(图 2.1-31)。

根据用途不同,交流接触器的触点分主触点和辅助触点两种。主触点一般比较大,接触电阻较小,用于接通或分断较大的电流,常接在主电路中;辅助触点一般比较小,接触电阻较大,用于接通或分断较小的电流,常接在控制电路(或称辅助电路)中。有时为了接通和分断较大的电流,在主触点上装有灭弧装置,以熄灭由于主触点断开而产生的电弧,防止烧坏触点。

接触器是电力拖动中最主要的控制电器之一。在设计它的触点时已考虑到接通负荷时的启动电流问题,因此,选用接触器时主要应根据负荷的额定电流来确定。如一台 Y112M-4 三相异步

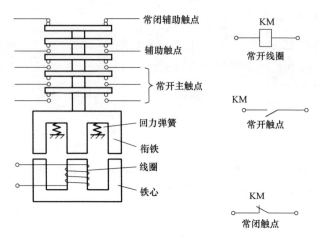

图 2.1-31　线圈

电动机，额定功率 4kW，额定电流为 8.8A，选用主触点额定电流为 10A 的交流接触器即可。除电流之外，还应满足接触器的额定电压不小于主电路额定电压。

3) 继电器：继电器是一种根据特定输入信号而动作的自动控制电器，其种类很多，有中间继电器、热继电器、时间继电器等类型（图 2.1-32）。

图 2.1-32　继电器

① 中间继电器。

中间继电器通常用来传递信号和同时控制多个电路，也可用来直接控制小容量电动机或其他电气执行元件。中间继电器的结构和工作原理与交流接触器基本相同，与交流接触器的主要区别是触点数目多些，且触点容量小，只允许通过小电流。在选用中间继电器时，主要是考虑电压等级和触点数目。

② 热继电器下层金属膨胀系数大,上层的膨胀系数小。当主电路中电流超过容许值而使双金属片受热时,双金属片的自由端便向上弯曲超出扣板,扣板在弹簧的拉力下将常闭触点断开。触点是接在电动机的控制电路中的,控制电路断开便使接触器的线圈断电,从而断开电动机的主电路。

③ 时间继电器。

通电延时空气式时间继电器利用空气的阻尼作用达到动作延时的目的。吸引线圈通电后将衔铁吸下,使衔铁与活塞杆之间有一段距离。在释放弹簧作用下,活塞杆向下移动。在伞形活塞的表面固定有一层橡皮膜,活塞向下移动时,膜上面会造成空气稀薄的空间,活塞受到下面空气的压力,不能迅速下移。当空气由进气孔进入时,活塞才逐渐下移。移动到最后位置时,杠杆使微动开关动作(图 2.1-33)。

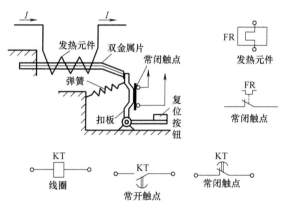

图 2.1-33 时间继电器

4)断路器

功能用于线路保护,主要保护有:短路保护、过载保护等,也可在正常条件下用来非频繁地切断电路。

常用的断路器一般根据额定电流大小分为:框架式断路器(一般 630A 以上)、塑壳断路器(一般 630A 以下)、微型断路器(一般 63A 以下)。

参数：额定电流、框架电流、额定工作电压、分断能力等。

常用型号：C65ND10A/3P、NSX250N、MET20F202 详见《断路器基础知识及常用断路器选型》。

5) 熔断器

功能：熔断器是一种最简单的保护电器，在电路中主要起短路保护作用。

熔断器就功能上可分为普通熔断器（gG）和半导体熔断器（aR），半导体熔断器主要是用于半导体电子器件的保护，一般动作时间较普通熔断器和断路器快，因此也经常称为快熔；普通熔断器一般只用于线路短路保护。

做线路保护用的熔断器一般只用在一些检测、控制回路中，大部分都被断路器而取代。

常用型号：RT18-2A/32X、NGTC1-250A/690V。

6) 其他保护继电器（相序继电器、过压、欠压继电器、过流、欠流继电器、剩余电流继电器等）

相序继电器功能：用于进线电源的缺相、错相保护。部分相序继电器还有过压、欠压等保护功能。

① 过流继电器功能：用于电路发生短路或严重过载时迅速切断电路。常规控制回路一般均加过流继电器做保护。

② 欠流继电器功能：剩余电流继电器是检测剩余电流，将剩余电流值与基准值相比较，当剩余电流值超过基准值时，发出一个机械开闭信号使机械开关电器脱扣或声光报警装置发出报警的电器。

用于中性点接地的系统，需要配置零序电流互感器。

参数：额定电流、额定工作电压、额定脉冲剩余动作电流、分断时间、额定辅助电源电压等。

③ 主令、按钮、指示灯功能：是自动控制系统中用于发送控制指令或显示状态的电器。根据不同的用途，可分为：主令控制器、按钮、转换开关、指示灯、蜂鸣器、带灯按钮等。

主令控制器一般用于主驱动机构的控制，如起升、变幅等；

转换开关一般用于功能的切换或者状态的选择；按钮用于启、停、复位等功能的操作；指示灯用于各种状态的指示；蜂鸣器用于状态的警示或者故障的报警。

7) 检测类元件

① 电流互感器用于检测线路电流，根据不同的型号可穿线或者穿排，二次侧要可靠接地。

② 电流表、电压表、电度表等检测仪表用于检测电流（一般要配电流互感器）、电压、电能等，要注意实际检测值和显示值之间的区别。电度表要注意和互感器的匹配，以及单相、三相三线、三相四线的差别。

③ 计时器、计数器等用于计量时间、和数量。要注意用户要求的位数和电压等级。

8) 驱动器及 PLC 系统

① 变频器功能：通过整流和逆变来实现对频率的控制，以实现调速。常用变频器均为交-直-交型。

常用的控制方式有 V/F 控制、矢量控制、直接转矩控制；调速方式主要有：多功能端子调速、模拟量调速、通信调速。

变频器的过载能力，一般按三分钟过载 60s 来核定，过载倍数为 1.36～1.6 倍不等；要区分额定输出电流、轻过载额定输出电流、重过载额定输出电流、过载电流等参数。

选择变频器要把握以下两个原则：第一，变频器的额定输出电流必须要满足电机的额定电流；第二，变频器的过载电流必须满足电机的过载电流。

参数：电压范围、额定输出电流、过载电流等。

常用型号：略。

② PLC 系统

PLC 是设备的控制中心，在设计时需要注意以下几个方面：

系统网络：首先要搭建好系统网络，要层次分明。变频器和 PLC 之间的通信、PLC 主站和从站之间的通信、PLC 和上层网络（中控室等）之间的通信、PLC和现场设备之间的通信等等，都需要一一的理清楚。

模块配置：一个PLC系统一般包含以下几个部分：电源模块、CPU模块、数字量输入输出模块、模拟量输入输出模块、通信模块、底板或导轨、扩展电缆、特殊模块等。

③ 制动电阻：制动电阻的阻值和功率需要计算核实；制动电阻阻值过大，容易造成直流母线过电压；制动电阻阻值过小容易导致制动单元过热烧坏制动单元。

2.1.5 常用电工工具的使用方法

1. 钳形电流表

钳形电流表是一种用于测量正在运行的电气线路的电流大小的仪表，可在不断电的情况下测量电流。

（1）结构及原理

钳形电流表实质上是由一只电流互感器、钳形扳手和一只整流式磁电系仪表所组成。

（2）使用方法

1）测量前要机械调零。

2）选择合适的量程，先选大量程，后选小量程或看铭牌值估算。

3）测量时，应使被测导线处在钳口的中央，并使钳口闭合紧密，以减少误差。

4）测量完毕，要将转换开关放在最大量程处。

（3）注意事项

1）被测线路的电压要低于钳表的额定电压。

2）测高压线路的电流时，要戴绝缘手套，穿绝缘鞋，站在绝缘垫上。

3）钳口要闭合紧密，不能带电换量程。

2. 兆欧表（摇表）

当电器设备例如电机、电缆、家用电器等受热和受潮时，绝缘材料会老化，其绝缘电阻便降低，从而造成电器设备漏电或短路事故。为了避免事故发生，就要求经常测量各种电器设备的绝缘电阻，判断其绝缘程度是否满足设备要求。最常用的仪表就是兆欧表，也叫绝缘电阻表。它与测电阻仪表的不同之处在于测量绝缘电阻时本身就有高电压电源。

（1）结构及原理

兆欧表主要由作为电源的手摇发电机（或其他直流电源）和作为测量机构的磁电式流比计（双动线圈流比计）组成。测量时，实际上是给被测物加上直流电压，测量其通过的泄漏电流，在表的盘面上读到的是经过换算的绝缘电阻值。

（2）兆欧表的正确使用

在兆欧表上有三个接线端钮，分别标为接地 E、电路 L 和屏蔽 G。一般测量仅用 E、L 两端，E 通常接地或接设备外壳，L 接被测线路、电机、电器的导线或电机绕组。测量电缆芯线对外皮的绝缘电阻时，为消除芯线绝缘层表面漏电引起的误差，还应在绝缘上包以锡箔，并使之与 G 端连接。

（3）注意事项

1）测量前先将兆欧表进行一次开路和短路试验，检查兆欧表是否正常。具体操作为：将两连接线开路，摇动手柄指针应指在无穷大处，再把两连接线短接一下，指针应指在零处。

2）被测设备必须与其他电源断开，测量完毕一定要将被测设备充分放电（约需 2~3min），以保护设备及人身安全。

3）兆欧表与被测设备之间应使用单股线分开单独连接，并保持线路表面清洁干燥，避免因线与线之间绝缘不良引起误差。

4）摇测时，将兆欧表置于水平位置，摇把转动时其端钮间不许短路。摇测电容器、电缆时，必须在摇把转动的情况下才能将接线拆开，否则反充电将会损坏兆欧表。

5）摇动手柄时，应由慢渐快，均匀加速到 120r/min，并注意防止触电。摇动过程中，当出现指针已指零时，就不能再继续摇动，以防表内线圈发热损坏。

6）应视被测设备电压等级的不同选用合适的绝缘电阻测试仪。一般额定电压在500V以下的设备，选用500V或1000V的兆欧表；额定电压在500V及以上的设备，选用1000～2500V的兆欧表。量程范围的选用一般应注意不要使其测量范围过多的超过所测设备的绝缘电阻值，以免使读数产生较大的误差。

7）禁止在雷电天气或在邻近有带高压导体的设备处使用兆欧表测量。

3. 万用表

万用表是万用电表的简称，能测量电流、电压、电阻，有的还可以测量三极管的放大倍数，频率、电容值、逻辑电位、分贝值等。万用表有很多种，现在最流行的有机械指针式的和数字式的万用表。

（1）结构及原理

万用表大体由表头、选择开关、表笔和插孔组成。表头为灵敏电流计，选择开关是一个多挡位的旋转开关，表笔分为红黑共两只，插孔分别标为"＋"和"－"符号。当微小电流通过表头，就会有电流指示。但表头不能通过大电流，所以，必须在表头上并联与串联一些电阻进行分流或降压，从而测出电路中的电流、电压和电阻。

（2）使用方法

通过转换开关的旋钮来改变测量项目和测量量程。机械调零旋钮用来保持指针在静止处在左零位。"Ω"调零旋钮是用来测量电阻时使指针对准右零位，以保证测量数值准确。

（3）注意事项

1）测量电流与电压不能选错挡位。如果误选电阻挡或电流挡去测电压，就极易烧坏电表。

2）测量直流电压和直流电流时，注意"＋""－"极性，不要接错。如发现指针反转，既应立即调换表棒，以免损坏指针及表头。

3）如果不知道被测电压或电流的大小，应先用最高挡，而后再选用合适的挡位来测试,以免表针偏转过度而损坏表头。所选用的挡位愈靠近被测值,测量的数值就愈准确。

4)测量电阻时,不要用手触及元件的裸体的两端(或两支表棒的金属部分),以免人体电阻与被测电阻并联,使测量结果不准确。

5)测量电阻时,如将两支表棒短接,调"零欧姆"旋钮至最大,指针仍然达不到0点,这种现象通常是由于表内电池电压不足造成的,应换上新电池方能准确测量。

6)万用表不用时,不要旋在电阻挡,因为内有电池,如不小心易使两根表棒相碰短路,不仅耗费电池,严重时甚至会损坏表头。

2.2 柴油机的基本知识

2.2.1 柴油机的定义

1. 热机

热机是指把热能转换成机械能的动力机械。蒸汽机、蒸汽轮机以及柴油机、汽油机等是热机中较典型的机型。就目前来说,常见的动力装置有:柴油机、汽油机、燃气轮机、喷气式发动机、蒸汽机、核动力装置等。广义而言,按照燃料的燃烧形式,可分为两大类,一类是内燃机,一类是外燃机。

蒸汽机与蒸汽轮机同属外燃机。在该类机械中,燃烧(燃料的化学能转变成热能)发生在汽缸外部(锅炉),热能转变成机械能发生在汽缸内部。此种机械由于热能需经某中间工质(水蒸气)传递,必然存在热损失,所以它的热效率不高,况且整个动力装置十分笨重。在能源问题十分突出的当前,它无法与内燃机竞争,因而已经在船舶动力装置中消失。

2. 内燃机

汽油机、柴油机以及燃气轮机同属内燃机。虽然它们的机械运动形式(往复、回转)不同,但具有相同的工作特点都是燃料在发动机的汽缸内燃烧并直接利用燃料燃烧产生的高温高压燃气在汽缸中膨胀作功。从能量转换观点,此类机械能量损失小,具有较高的热效率。另外,在尺寸和重量等方面也具有明显优势,因而在与外燃机竞争中已经取得明显的领先地位。

3. 柴油机

柴油机是一种用柴油作燃料压缩作功的往复式内燃机。它使用挥发性较差的柴油或劣质燃料油做燃料。采用内部混合法(燃油与空气的混合发生在汽缸内部)形成可燃混合气;缸内燃烧采用压缩式(靠缸内空气压缩形成的高温自行发火)。这种工作特点使柴油机在热机领域内具有最高的热效率(已达到55%左右),而且允许作为船用发动机使用。因而,柴油机在工程界应用十分广泛。

2.2.2 柴油机的类型

由于柴油机的应用广泛,因此,为满足各种不同的使用要求,柴油机的类型也就多种多样。根据柴油机的各种不同特点以及不同的分类方法,柴油机大体上有以下类型:

1. 按工作循环分类可分为四冲程柴油机和二冲程柴油机。

2. 按进气方式分类可分为增压柴油机和非增压(自然吸气)柴油机。

3. 按曲轴转速分类可分为高速、中速和低速柴油机。高速柴油机:$n>1000 \text{r/min}$;中速柴油机:$300 \text{r/min} < n \leqslant 1000 \text{r/min}$;低速柴油机:$n \leqslant 300 \text{r/min}$。低速柴油机机具有经济性好、转速低、功率大,结构简单、工作可靠、可燃用劣质燃料的特点,广泛用于大型海轮主机。中速柴油机机具有重量轻、尺寸小,可多台柴油机联用等特点广泛用于工业。

4. 按冷却方式可分为水冷和风冷柴油机。

5. 按燃烧室可分为直接喷射式、涡流室式和预燃室式柴油机。

6. 按汽缸数目可分为单缸和多缸柴油机。

7. 按用途可分为船用柴油机、机车柴油机、车用柴油机、农业机械用柴油机、工程机械用柴油机、发电用柴油机、固定动力用柴油机。

8. 按供油方式可分为机械高压油泵供油和高压共轨电子控制喷射供油。

9. 按汽缸排列方式可分为直列式和V形排列，水平对置排列，W型排列，星型排列等。

10. 按功率大少可分为小型（200kW）、中型（200～1000kW）、大型（1000～3000kW）、特大型（3000以上kW）。

2.2.3 柴油机的主要特点

1. 工作热效率高，具有显著的节能效果。

（1）柴油机的工作热效率一般在36%～41%，最佳可达50%。

（2）汽油机的工作热效率一般在30%。

（3）燃气轮机的工作热效率一般在30%～35%。

（4）蒸汽机的工作热效率一般在16%；而蒸汽机车的总效率更低6%～9%；内燃机车则达到27%～35%是其4倍多。

2. 功率和转速范围宽广，能适应各种不同用途。

（1）输出功率能从0.59～40440kW之间。

（2）标定转速在850～1600r/min内。

（3）同时品种繁多，用途广泛。

3. 结构紧凑和轻巧，适应水、陆交通工具的动力装置。

4. 启动迅速，操纵简便

（1）能在较短的时间内完成启动任务，并且能够达到全负荷运转。

（2）操作简便，安全可靠。

（3）设有多功能的安全保护装置。

（4）可以自动化操作。

5. 使用可靠，工作寿命长

（1）一般是按机车走完多少万公里来衡量（轮、架、大修来定）。

(2) 柴油机一般使用寿命在15000～30000h之间。或者80～160万km。

(3) 机车采用新工艺后，运营里程越来越长，使用寿命也在增加。因此，机车的使用也就效率越来越高。

6. 燃料、机油和冷却水的消耗量少

(1) 冬、夏使用的燃油型号不一样。

(2) 机油一般是在一定的走行公里后才补加，按日常上下班是要检查油位，防止润滑油泄漏而伤害运动件。

(3) 冷却水需要处理后才用，损耗也不大，但是日常上下班时要检查水位，防止水损耗过大而导致运动件过热。

7. 结构复杂、零部件加工、装配、运用及维修技术要求高。

8. 对燃料要求苛刻，同时排放废气和产生的噪声对环境有一定的污染。

2.2.4 四冲程柴油机工作原理

柴油机是以柴油作燃料的压燃式内燃机。工作时，空气在汽缸内被压缩而产生高温，使喷入的柴油自行着火燃烧，产生高温、高压的燃气，燃气膨胀推动活塞作功，将热能转变为机械功。柴油机的工作循环由进气冲程、压缩冲程、燃烧膨胀作功冲程和排气冲程四个冲程组成，这四个冲程构成了一个工作循环，活塞往复四次冲程才能完成一个工作循环（图2.2-1）。

1. 进气冲程

第一冲程：进气这一冲程的任务是使汽缸内充满新鲜空气。活塞由上止点下行，进气阀已打开，由于汽缸容积不断增大，缸内压力下降，依靠汽缸内外的气压差作用，新鲜空气通过进气阀被吸入汽缸。由于受流阻等影响，在进气过程的大部分时间里，汽缸内压力低于大气压力，到下止点时，缸内气压的为0.08～0.95MPa，温度约为30～70℃。这时，排气阀和喷油器均关闭。

为了使柴油机作功更完善，必须在进气过程尽可能多吸入新

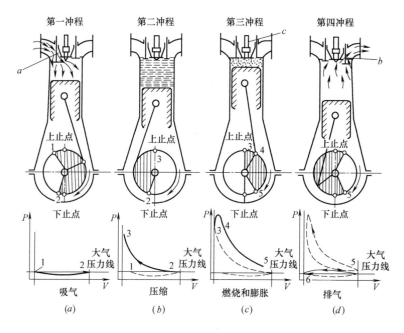

图 2.2-1 四冲程柴油机工作原理

鲜空气。进气阀开启始点至上止点的曲柄转角叫做进气提前角。下止点到进气阀关闭位置的曲柄转角叫做进气延迟角（利用惯性进气）。整个进气过程所占的总角度约为 220°～250°。

2. 压缩冲程

第二冲程：这一冲程的任务是压缩第一冲程吸入的空气，提高空气的温度与压力，为柴油机燃烧及膨胀作功创造条件。活塞从下止点向上运动，自进气阀关闭开始压缩，一直到活塞到达上止点为止。活塞上行，汽缸容积减少，缸内气体压力和温度随之升高，到达压缩终点时，压力增高到 3～6MPa，温度升至 600～700℃（柴油的自燃温度为 270℃左右），通常压缩终点的气体压力和温度分别用 P_c 和 t_c 表示。四冲程机压缩过程所占的总角度约为 140°～160°

3. 燃烧膨胀冲程

第三冲程：这一冲程的任务是完成两次能量转换。在活塞到达上止点前，燃油经喷油器以雾状喷入汽缸的高温高压空气中，并与其混合，在上止点附近自燃，由于燃油强烈燃烧，使汽缸内气体温度迅速上升到 1400～1800℃ 或更高些，压力增加至 5～8MPa，甚至 13MPa 以上。燃烧产生的最高压力称最高爆发压力，用 p_z 表示，最高温度 t_z 表示。高温高压燃气（即工质）膨胀推动活塞下行作功。在上止点后的某一时刻燃烧基本结束，燃气继续膨胀，到排气阀下止点前开启时膨胀过程结束。膨胀终了时汽缸内气体压力 p_b 约为 0.25～0.45MPa，温度 t_b 约为 600～700℃。四冲程机燃烧膨胀过程所占的总角度约为 130°～160°。

4. 排气冲程

第四冲程：这一冲程的任务是将作功后的废气排出汽缸外，为下一循环新鲜空气的进入提供条件。这一阶段，要求废气排得越干净越好，所以与进气阀启闭一样，排气阀也是提前开启，延迟关闭。排气阀开启时，活塞尚在下行，废气靠汽缸内外压力差进行自由排气。从排气阀开启到下止点的曲柄转角叫做排气提前角。当活塞从下止点上行时，废气被活塞推出汽缸，此时排气过程是在略高于大气压力（约 1.05～1.1 大气压），且在压力基本不变的情况下进行的。排气阀一直延迟到活塞到达上止点之后才关闭，这样可利用气流的惯性作用，继续排出一些废气。上止点到排气阀关闭位置的曲柄转角叫做排气延迟角。四冲程机排气冲程所占的总角度约为 210°～240°。

当工作冲程活塞运动到下止点附近时，排气阀开起，活塞在曲轴和连杆的带动下，由下止点向上止点运动，并把废气排出汽缸外排气冲程结束之后，又开始了进气冲程，于是整个工作循环就依照上述过程重复进行。由于这种柴油机的工作循环由四个活塞冲程即曲轴旋转两转完成的，故称四冲程柴油机。

2.2.5 柴油机的基本结构参数

(1) 汽缸直径 D：汽缸套的内径。

(2) 曲柄半径 R：曲轴的曲柄销中心与主轴颈中心间的距离。

(3) 上止点：活塞在汽缸中运动的最上端位置，也就是活塞离曲轴中心线最远的位置。

(4) 下止点：活塞在汽缸中运动的最下端位置，也就是活塞离曲轴中心线最近的位置（图2.2-2）。

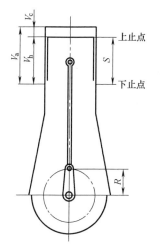

图 2.2-2 活塞上下止点示意图

(5) 冲程（S），又称行程：活塞从上止点移动到下止点间的直线距离。它等于曲轴曲柄半径 R 的两倍（$S=2R$）。活塞移动一个行程，相当于曲轴转动 180°（曲轴转角）。

(6) 汽缸余隙容积（压缩室容积 V_c）：活塞在汽缸内上止点时，活塞顶上的全部空间（活塞顶、汽缸盖底面与汽缸套表面之间所包围的空间）容积。

(7) 余隙高度（顶隙）：上止点时活塞最高顶面与汽缸盖底平面之垂直距离。

(8) 汽缸总容积（V_a）：活塞在汽缸内位于下止点时，活塞顶以上的汽缸全部容积，亦称汽缸最大容积。$V_a=V_c+V_h$。

(9) 压缩比（ε）：汽缸总容积与压缩室容积之比值，亦称几何压缩比。$ε=V_a/V_c=1+V_h/V_c$。

压缩比 ε 是柴油机主要性能参数之一，表示缸内工质被压缩程度。ε 愈大，被压缩终点的压力、温度愈高，柴油机易启动，热效率也高，ε 过高使柴油机工作粗暴，机械负荷过大，磨损加剧，消耗压缩功增大，机械效率降低，输出功率减小。

2.2.6 柴油机的基本构造

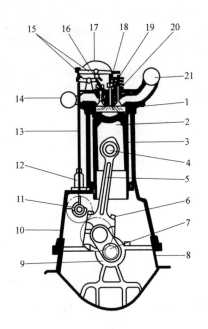

图 2.2-3 柴油机结构示意图

1—汽缸盖；2—活塞；3—汽缸套；4—活塞销；5—连杆；6—连杆螺栓；
7—曲轴；8—机座；9—主轴承；10—机体；11—凸轮轴；12—喷油泵；
13—顶杆；14—进气管；15—摇臂；16—过气阀；17—高压油管；
18—喷油器；19—排气阀；20—气阀弹簧；21—排气管

1. 固定部件

主要由汽缸盖、汽缸套、机体、机座、主轴承等构成柴油机本体和运动件的支承，并和有关运动部件配合构成柴油机的工作空间。

2. 运动部件

主要由活塞、活塞销、连杆，连杆螺栓、曲轴等组成。它们与固定部件配合完成空气压缩及热能到机械能的转换。

3. 配气系统

它包括进气系统和排气系统。进气系统主要由空气滤清器、进气管件、汽缸盖内的进气道、进气阀、气阀弹簧、摇臂、顶杆、凸轮轴和凸轮轴传动机构等所组成，用来在规定的时间内向汽缸内充入足够的新鲜空气。

排气系统主要由排气阀、气阀弹簧、摇臂、顶杆、凸轮轴和传动机构以及排气管、排气消声器等组成。用来在规定时间内将汽缸内作功后的废气排入大气。

4. 燃油系统

它包括供应和喷射两个系统。前者由油箱、燃油滤清器、输油泵等组成，后者由喷油泵、高压油管和喷油器组成。其功用是供给柴油机燃烧作功所需的燃油。

5. 润滑系统

主要作用是润滑摩擦表面，以减少机件的磨损，延长使用寿命，降低摩擦功率损失，提高机械效率。

6. 冷却系统

主要作用是维持柴油机受热零部件在合适的温度状态下工作。

7. 启动系统

柴油机本身无自行启动能力。启动系统的任务就是使柴油机从停车状态发动起来。

8. 调速装置

调速装置的作用是使柴油机能按外界阻力矩的变化而自动改变喷油泵的喷油量，从而使柴油机在选定转速下稳定运转。

2.2.7 固定机件构成

固定机件主要包括：汽缸盖、汽缸套、机体（汽缸体的曲轴箱）及机座。作用：保证运动件相互位置，并构成燃烧室、气道、水道、油道，以保证燃烧、换气、冷却和润滑的需要。

1. 汽缸盖

（1）功用及结构特点

1) 功用：封闭汽缸，与活塞和汽缸套一起组成燃烧室。

2）工作条件：

① 高温高压燃气作用。

② 螺栓预紧力作用、压缩应力、弯曲应力和热应力。

3）结构特点：

① 安装喷油器，进、排气阀，以及进、排气阀驱动机构。

② 内部布置有进，排气道、冷却水腔、螺栓孔道。故汽缸盖为最复杂零件之一。

4）制作要求：

① 有足够的强度和刚度。

② 保证结合面的良好密封。

5）材料：

① 铸铝：导热性好、重量轻、铸造工艺性好；热膨胀系数大、容易变形、价格高、小型、高速。

② 铸铁：抗高温性好、铸造工艺好、价格低。合金铸铁和球墨铸铁广泛用于各种强载柴油机中。

③ 铸钢：抗拉强度高、韧性好、高温强度好，不容易产生疲劳裂纹，工艺性差。一般只用于热负荷较高而形状简单的二冲程回流换气柴油机中。

（2）汽缸盖的结构形式

汽缸盖的结构形式多种多样

① 按汽缸盖的数量分类，有单体式汽缸盖和整体式汽缸盖。

② 按结构形式分有组合式气缸盖，焊接结构汽缸盖，双层底结构气缸盖和钻孔冷却汽缸盖等。

1）单体式汽缸盖：每一个汽缸盖设有一个汽缸盖，即每缸一盖（图 2.2-4）。

优点：

① 制造容易，维修方便。

② 解决气缸的密封性容易，适用大，中型机。

③ 受热膨胀余地大，热应力小。

结构特点：

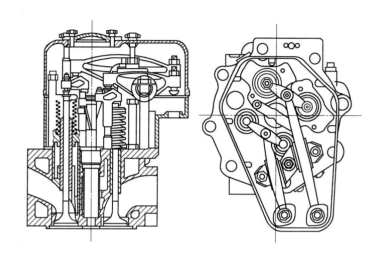

图 2.2-4 单体式汽缸盖

① 汽缸盖下部有一凸缘,与气缸套上的环形凹槽相配合。两者之间用紫铜垫片密封。

② 水腔分为两层:冷却水流向为:机体上平面→五个导水管→汽缸盖底层水腔(冷却高温底面)→喷油器冷却腔→中隔板→汽缸盖上部冷却腔→排气阀壳→出水总管。

③ 出水口在最高处:应注意,避免发生局部过热。

2) 整体式汽缸盖(图 2.2-5):几个缸的缸盖连成一体。优

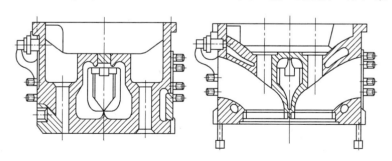

图 2.2-5 整体式汽缸盖

点：具有良好的刚性，较小的汽缸中心距，便于排气道布置。常用于情形高速柴油机中。

① 每缸四阀：两进两出。

② V 型夹角内侧为进气道，外侧为排气道。

③ 阀孔处及启发导管处压有青铜气阀座和导管增加耐磨性和耐热性。

3）块状式汽缸盖（图 2.2-6）：介于单体式与整体式之间，即二缸或三缸一盖。这种结构适于大批量生产、系列化程度高的柴油机。

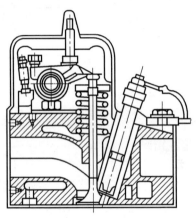

图 2.2-6 块状式汽缸盖

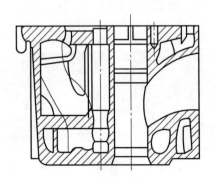

图 2.2-7 双层底结构的汽缸

4) 双层底结构的汽缸盖（图 2.2-7）：

① 对于汽缸盖本身而言，受高温燃气作用，温度分布不均，热应力大。

② 特别是底面上，进，排气道及气道孔与喷油器座孔之间的间壁易产生裂纹。

③ 若底面壁厚大，内外表面温差大，热应力也大。

④ 若底面壁厚小，机械应力和变形会加大。采用双层底的主要目的：解决机械负荷与热负荷的矛盾。结构特点：加一中隔板，厚度较大，增加刚性。底板可以减薄，减小温差，热应力减小。保证铸造质量的前提下，底板与中隔板距离要尽量小。

2. 汽缸套

（1）功用及工作条件

1）功用

① 构成工作循环的空间。

② 作活塞的导向面，十字头的是滑块和导板。

③ 向周围导热。

④ 对于二冲程发动机还有扫气口。

2）工作条件

① 内表面受高温高压燃气的反复作用。

② 进气时受进气空气的吹拂。

③ 外表面受冷却水的冲刷和腐蚀。

④ 气体压力和螺栓预紧力－机械应力内外表面的温差－热应力（波动疲劳破坏）。

⑤ 承受侧推力，与活塞之间高速相对运动，产生摩擦，磨损。

3）加工要求：

① 内表面有高的精度和光洁度。耐磨耐腐蚀。

② 外表面对冷却水有抗腐蚀能力和抗穴蚀能。

③ 强度：机械强度和热强度，机械负荷和热负荷。

④ 刚度：安装和工作时不致产生大的变形。

⑤ 密封：对汽缸内气体和外表面的冷却水有可靠的密封。

(2) 气缸套的结构

1) 湿式和干式缸套：按在汽缸内安装方法的不同（图 2.2-8）。

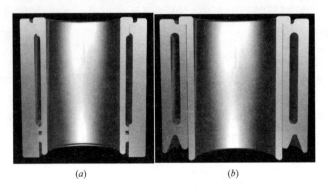

图 2.2-8　湿式和干式缸套

(a) 湿式；(b) 干式

湿式：①散热条件好。②厚度大，制造和更换方便。应用于船舶柴油机中。③有水的腐蚀和穴蚀。

干式：①无腐蚀和穴蚀。②壁薄，汽缸中心距可减小，结构紧凑，刚度小。小缸径高速机，制造要求高。③汽缸套外圆须精磨，汽缸体上的孔须珩磨。

2) 汽缸套定位：轴向定位，下端不固定，受热可自由伸长；径向定位：凸缘，防止横向移动。

3) 汽缸套的密封：汽缸盖与汽缸套之间，弹性垫片。

① 气密材质有：铝板，铜皮包石棉等，见图 2.2-9，与汽缸盖对应，汽缸垫片有整体式垫片和单体式圆环垫片。

图 2.2-9　整体式垫片

② 水密缸套下部温度较低，可用橡皮圈密封。

4）钻孔冷却的汽缸套：

上凸肩高而厚，孔与中心线成某一倾角，冷却效果好，而且增加了凸缘的强度和刚度，加工成本高。

3. 机体与机座按主轴承结构分

正置式主轴承的机体机座结构、挂式主轴承的机体机座结构、隧道式主轴承的机体机座结构。

（1）正置式主轴承的机体机座结构机座承受曲柄连杆机构传来的气体压力，机座有较大的强度和刚度。机座两侧与座和主轴承座部分设置有坚固的骨架和加强筋。尺寸，重量较大，适用于重量，尺寸指标要求不严格和寿命要求较长的中速和低速柴油机中。曲轴中心线在划分面以下刚性好（图2.2-10）。

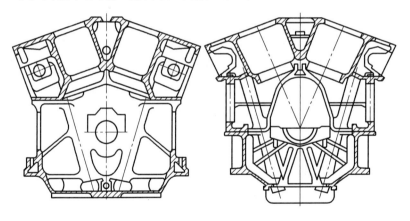

图2.2-10 正置式主轴承的机体机座

（2）倒挂式主轴承的机体机座结构无机座，只有机体，有油底壳，中高速机（图2.2-11）。

（3）隧道式主轴承的机体机座结构

汽缸体与曲轴箱铸成整体，主轴承没有剖分面，圆盘形滚动轴承，过盈量。重量较大，工艺复杂，装拆及维修不方便（图2.2-12）。

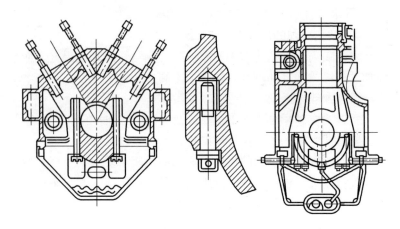

图 2.2-11 倒挂式主轴承的机体机座

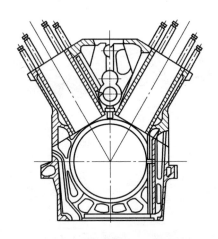

图 2.2-12 隧道式主轴承的机体机座结构

2.2.8 运动部件构成

运动部件主要包括：由活塞、活塞销、连杆、连杆螺栓、曲轴等组成。作用：曲柄连杆机构的功用是将热能转变为机械功，也就是说燃料燃烧是的气体压力使活塞做直线运动，通过连杆变成曲轴旋转运动而对外输出有效功。旋转着的曲轴又使活塞不断地往复运动,从而保证了连续地实现柴油机的工作循环。

1. 活塞组

(1) 活塞组的组成 活塞组由活塞、活塞销、活塞环、衬套和活塞销盖。

(2) 活塞组的作用

1) 与汽缸、汽缸盖共同构成发动机的密闭的工作空间防止燃气漏入曲轴箱,阻止过多的润滑油窜入气缸内。

2) 承受燃气压力,并将其传给连杆和曲轴。

3) 承受侧推力,起到了导向作用。

2. 活塞

(1) 活塞承受很高的气体压力作用,如图 2.2-13 所示,中速机 13~15MPa。

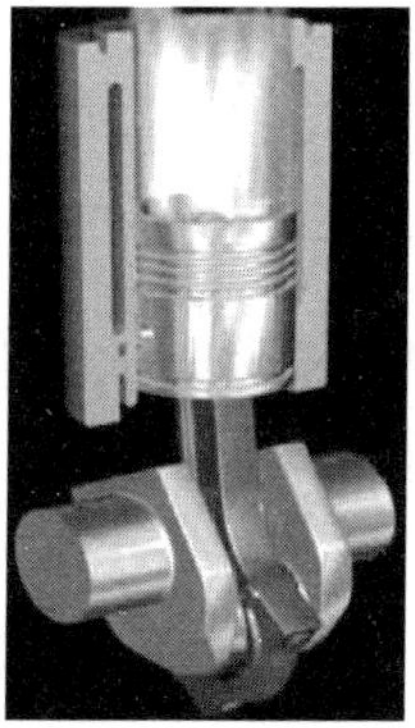

要求:活塞应具有足够的强度和刚度。

(2) 活塞承受往复惯性力的作用 活塞工作条件对于中高速机往复惯性力已经达到相当可观的程度。

要求:在保证强度的前提下,尽量减轻重量,以见效往复惯性力,从而减少机械负荷。

(3) 活塞承受侧推力的作用 润滑不良,引起活塞裙部的磨损,活塞裙部材料有高的耐磨性。

图 2.2-13 活塞工作条件

(4) 活塞受到高温燃气周期性的加热作用,高速大功率瞬时温度达 2273K,活塞表面温度达 623~773K,长期高温会导致材料强度下降,会出现热疲劳,热变形和龟裂。

结构要求:要求在保证强度的前提下,尽量减轻重量,以减少往复惯性力,从而减少机械负荷活,活塞应具有足够的刚度和强度。

1) 良好的结构形式,合理的散热和冷却方式,以减小热负荷。

2) 材料有足够的抗热性,较好的导热性,保证有足够的热强度。

3) 热膨胀系数小,以保持与缸套的合理配合间隙。

3. 活塞销

(1) 功用

连接活塞与连杆,将活塞承受的力传给连杆。

(2) 工作条件

1) 承受燃烧压力产生的交变冲击力。

2) 与活塞销座及连杆的配合面承压面积不能大,相对运动速度低,不易形成油膜,润滑条件差,很容易磨损。

(3) 要求

1) 很高的强度。

2) 良好的韧性。

3) 耐磨。

4) 重量轻一般活塞销采用优质低碳钢或低碳合金钢制造,表面渗碳淬火,使得表面硬而耐磨,内部韧性高耐冲击。

(4) 活塞销结构形式如图 2.2-14 所示。

1) 直内孔。

2) 圆锥形内孔。

3) 圆柱圆锥组合形。

图 2.2-14 活塞销的内孔形式

(a) 直内孔;(b) 圆锥内孔;(c) 圆柱圆锥组合形

无论何种形式,都要求有很高的加工精度和光洁度。

(5) 活塞销与连杆小头及活塞销座的连接方式(图2.2-15)。

1)活塞销固定与连杆优点:增大了刚度,不容易弯曲变形;缺点:局部磨损。

2)活塞销在连杆小头和活塞销座中浮动,优点:结构简单,工作中活塞销座中缓慢转动,磨损均匀,载荷分布均匀,提高疲劳强度。

3)机构内要求有轴向定位装置,如图2.2-15。

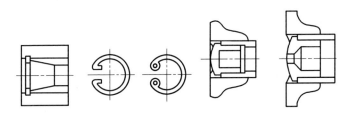

图2.2-15 防止活塞销轴向移动的装置

4. 活塞环

气环:一般高速机有2~3道气环,中速机有3~4道气环,低速机有5~6道气环,油环一般是1~2道。目前的趋向是减少环数,强化第一道环。因此柴油机所消耗的摩擦功中约有50%是活塞环和活塞裙与缸套间的摩擦引起的。

油环:油环一般是1~2道。

(1) 作用

1) 密封汽缸

防止燃气漏入曲轴箱(主要由气环完成)。

自由状态为椭圆形,工作状态下为圆形的开口环。在气体的压力与自身的弹性作用下,与汽缸壁,环槽紧密贴合,非绝对密封,只能做到泄漏最少(图2.2-16)。

2) 导热

燃料燃烧产生的热量有一部分经活塞环传向汽缸壁,再由冷却

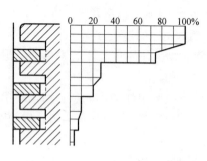

图 2.2-16 活塞胀圈的防滑原理

水带走。对于非冷却活塞，这部分热量可达活塞顶部承受热量的 60%～70%。

3）调节滑油为保证活塞环能在高温，高压下沿汽缸壁面正常滑动，在缸壁上应保持一定厚度的油膜。滑油过多或过少都不利于内燃机的正常工作调节润滑油：刮油布油，润滑。

4）支承活塞

活塞的外径略小于汽缸内径，活塞在汽缸内即有往复运动，在侧推力的作用下又有横向运动，运动不稳定。而活塞环在运动中始终与汽缸壁及活塞环槽贴紧，对活塞销有支撑作用。

（2）气环的结构

应保证较高的密封性，便于磨合，耐磨损，对润滑有调节作用。

1）矩形环优点：结构简单，加工方便；缺点：上行时，有往上带油的作用，增加滑油耗量，燃烧室积炭，如图 2.2-17(a)。

2）锥面环

锥面角在 $30'\sim 1°35'$ 之间。其特点是有较高的径向压力和缩短初磨合时间，并可避免环的上侧面同缸壁接触，因而上行时有较好的布油能力，下行时可起到刮油作用，缩短初磨合时间，如图 2.2-17(b)。

3）扭曲环使用时，产生扭曲，呈盆状，这是它兼有锥面环之优点，同时环在环槽中呈盆造成内外棱角同环槽上下侧面接触，有良好的气密和刮油作用，如图 2.2-17(c)。

4）梯形环防止环的熔着和结焦。侧推力作用，使环从一侧压向另一侧，端面间隙变化能把环槽中的结焦挤出，并促使滑油更新，气体压力产生径向分力，有利于对燃气的密封作用，如图2.2-17(d)。

5）桶面环用于短活塞，防止运转初期拉毛气缸和漏气，在活塞上行时有良好的布油作用，而下行时有一定的刮油作用，如图2.2-17(e)。

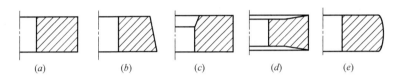

图2.2-17 各种结构气环截面形状
(a) 矩形环；(b) 锥面环；(c) 内倒角扭曲环；(d) 梯形环；(e) 桶形环

(3) 活塞环的开口形状（图2.2-18）

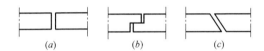

图2.2-18 活塞环的开口形状
(a) 直切口；(b) 搭切口；(c) 斜切口

1）直切口，结构简单，加工容易，但密封性稍差。

2）搭切口，密封性好，但制造困难，多用于大型低速柴油机中。

3）斜切，性能介于上述两者之间。

4）性能比较。

密封性：搭切口〉斜切口〉直切口。

加工性：直切口〉斜切口〉搭切口。

(4) 油环

1）气环的泵油现象

当活塞向下运动时，环压在环槽的上端面被气环刮下的滑油充满环与环槽之间的空间。当活塞向上运动时，环压在环槽的下

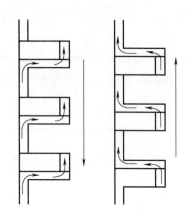

图 2.2-19 气环的泵吸作用

端面,而滑油被挤入上部的环槽间隙中(图 2.2-19)。

2) 采用原因

由于某些气环不但没有刮油的作用,而且还能把润滑油泵吸到燃烧室中去,所以必须在活塞上安装专门的刮去汽缸上多于润滑油的刮油的环。

由于泵油现象这个过程周期的重复滑油就能不断地进入燃烧室参加燃烧,这样会增加滑油的消耗量,并引起结焦造成气环卡死,产生严重漏气,使功率下降。

3) 安装位置

一般油环多布置于滑油较多的活塞末道气环以下。

4) 结构形式

油环制成有利于刮油和布油的形状,并在环槽中或槽下方开油孔,将刮下的滑油引入曲轴箱。为了提高油环的径向压力和刮油效果,还采用弹簧胀圈油环以及钢片组合油环。

2.2.9 配气机构

功用:配气机构是控制内燃机进、排气过程的机构。按汽缸的发火顺序和汽缸中的工作过程,适时开启和关闭进气阀及排气阀,进入新鲜空气,排出废气。

工作条件:转速高,若四冲程的柴油机曲轴转速 $n=1000$ r/min,则内燃机进排气为 500 次/min,以很高而变化的速度工作,惯性力和热负荷大,且润滑不良,零件磨损大。

要求:定时准确;有足够大的气体流通面积;振动,噪声小;工作可靠,寿命长;结构简单,维修方便。

1. 配气机构的布置及传动

配气机构的类型有气阀式,气孔式,气孔-气阀式。

（1）气阀式配气机构的布置：

1）气阀布置形式

按气阀的布置可分为：顶置式气阀和侧置式气阀。按凸轮轴的位置可分为：上置式凸轮，下置式凸轮。按曲轴和凸轮轴的传动方式可分为：齿轮传动和链条传动。

顶置式气阀：如图 2.2-20 所示。

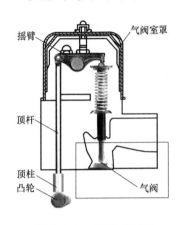 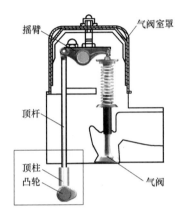

图 2.2-20　顶置式气阀　　图 2.2-21　下置式凸轮轴

优点：燃烧室结构紧凑，可减小进、排气系统的阻力；

缺点：传动链的零件多，质量大因而惯性载荷较大。

2）凸轮轴布置形式

① 下置式凸轮轴

优点：凸轮轴与曲轴距离近，传动方便。缺点：传动距离远，传动组件多，惯性大，加剧了零件的振动和磨损，如图 2.2-21 所示。

② 上置式凸轮轴

优点：凸轮直接作用于摇臂，省去了挺柱和顶杆；缺点：曲轴到凸轮轴传动机构复杂，如图 2.2-22 所示。

③ 顶置式凸轮轴。

优点：凸轮轴直接驱动气阀，无惯性载荷的作用；缺点：气

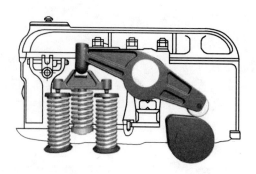

图 2.2-22 上置式凸轮

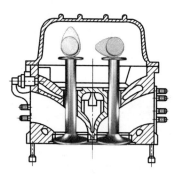

图 2.2-23 顶置式凸轮轴

阀杆受侧推力的作用磨损大。曲轴到凸轮轴传动复杂，拆装气缸盖也较麻烦，如图 2.2-23。

（2）气阀数及布置

1）每汽缸两个气阀的布置。

每缸两阀，总是采用较大的气阀道路面积，且进气阀直径大于排气阀直径。布置方式为：

① 合用气道，气阀将机体纵向排成一列相邻两个进气阀或排气阀合用一个气道，气道简化，并可得到较大的气道通道面积；

② 交替布置，每缸单独用一个进、排气道，可使汽缸均匀冷却，对热负荷较严重的发动机更适宜；

③ 分开布置，进、排气道分置于机体两侧，以免排气加热进气，而汽油机为了使汽油更好地雾化，多置于机体一侧。

2）汽缸四个气阀的布置两进，两排，增大进，排通道面积。

① 串联形式

a. 可通用一根凸轮轴及驱动杆传动；

b. 进气阀间的进气效率有差异；

c. 排气阀的热负荷也不相同。

② 并联形式

a. 进气效率与热负荷基本相同;

b. 需用两根凸轮轴传动。

③ 斜角布置可用一根凸轮轴,性能上亦较优越。

(3) 凸轮轴的传动方式:

圆柱齿轮式传动如图 2.2-24 所示。

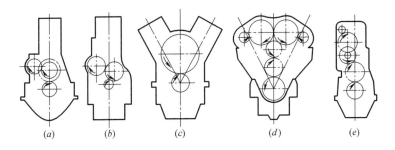

图 2.2-24　圆柱齿轮传动的各种方案

① 斜齿轮

布置方案,(a)～(c) 为下置凸轮轴,(d)、(e) 上置凸轮轴。优点:结构及工艺简单,拆装方便,工艺可靠。缺点:对于上置式凸轮轴采用齿轮传动时,中间齿轮数多,增加了复杂性和重量,如图 2.2-24 所示。

② 锥齿轮传动

多用于轻型高速大功率内燃机顶置式凸轮的传动。特点:结构紧凑可靠,但很复杂,拆装不方便。

③ 链条式传动

上置式凸轮轴气阀机构上,能使气阀机构免受惯性载荷的作用。特点:工作可靠性好,但耐性不及齿轮传动装置。

2. 气阀的传动机构

气阀式传动机构可分为:机械式和液压式。机械式传动机构的零件有:凸轮轴、挺柱、顶杆、摇臂、传动齿轮。

(1) 凸轮结构形式：轴、凸轮、凸轮轴承

1) 功用：控制气阀运动，各个气缸的进、排气凸轮按照配气相位和发次顺的关系配置在凸轮轴上；

2) 凸轮数目：决定于气缸数目及其传动关系；

3) 高度及形线：决定于气阀打开、关闭的时刻和气体流通截面的大小，传动机构；

4) 轮形线应保证气阀平稳光滑地移动，并在正常工作所允许的惯性力的情况下，能足够快地打开和关闭气阀；

5) 表面要求：由于受到气阀间歇性开启的周期性冲击载荷，因此，对凸轮表面要求耐磨，对凸轮本身则要求有足够的韧性和刚度，在工作中变形最小。

(2) 凸轮轴颈：凸轮轴各轴颈的直径一般均取相同的，以使机械加工简单。但为了拆装方便，也有采用前端向后递减直径的。在小型内燃机上一般每两个气缸装用一个凸轮轴颈支撑，在大型发动机上相邻之间都有一个轴颈支撑。

(3) 传动方式：凸轮轴的传动方式多用斜齿轮，因而易使凸轮轴产生轴向串动，影响配气正时。因此，凸轮轴须有轴向定位装置：①止推片、止推片螺栓（中小型内燃机）②止推轴轴承（高速、大型内燃机）。

图 2.2-25　凸轮轴

实物如图 2.2-25 所示。

(4) 顶杆用于顶置式气阀、下置式凸轮轴的配气机构，向摇臂传递凸轮轴经顶柱传来的推力。对于顶杆的要求是刚性好，重量轻。为了减轻重量，顶杆一般用空心管制成，小型内燃机的顶杆也有用实心钢棒制成的。顶杆上端焊有钢质的凹球形接头与摇臂调节螺钉的球头相配合；下端焊有球形接头，支撑在挺柱的凹球承座内。

(5) 摇臂改变顶杆传递的运动方向以推开气阀。由钢模制造

或球墨铸铁制造，摇臂的断面一般为 T 字形或工字形，以减轻重量，并有足够的刚性，摇臂长短臂比值为 1.6 左右。

3. 配气相位与气阀间隙

（1）配气相位（图 2.2-26）

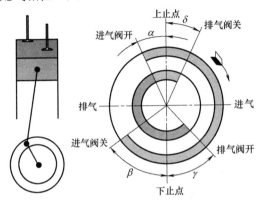

图 2.2-26　配气相位

图中：α：$10°\sim30°$；β：$40°\sim70°$；γ：$40°\sim60°$；δ：$10°\sim30°$。

（2）气阀间隙保证气阀及传动件受热后有伸长的余地，如图 2.2-27 所示。

2.2.10　燃油系统的功用及组成

1. 功用根据柴油机运转工况的需要，将适量的清洁燃油，在一定的时间内，以适当的雾化状态喷入燃烧室，造成混合气体形成与燃烧的有利条件。

2. 组成输油泵、滤清器、喷油泵、出油阀、喷油器、燃烧室。

3. 可燃混合气的形成与燃烧室形式。

（1）可燃混合气的形成

1）形成方式

柴油机中由于燃烧室形式不同，混合气形成的方法也不同，大致可分为：空间混合气形成，油膜混合气形成，复合式混合气形成。

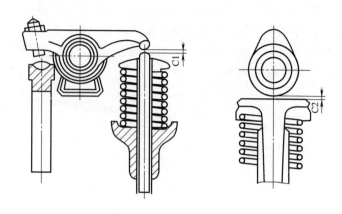

图 2.2-27 气阀间隙

2）要求

可燃混合气的质量对燃烧过程起决定性作用。

① 喷入气缸的应雾化良好，并具有一定的射程。即油粒微小并充满整个燃烧室空间。

② 燃料的喷射形状应与燃烧室形状相适应，以形成良好的混合气。

③ 在燃烧室造成强烈的空气涡流，促使在燃烧室间形成良好混合。

（2）燃烧室的形式

1）概述

① 根据混合气形成的方法不同，大致可分为：空气混合气形成、油膜混合气形成和复合式混合气形成。

② 燃烧室分类

a. 直接喷射式燃烧室：直接喷射式燃烧室设在活塞顶上，是一个统一的空间。主要靠喷射油束与燃烧室形状相互配合，使燃油与空气均匀地混合。

（a）统一式：形状简单、结构紧凑、容易启动；对燃油喷射系统要求高；最高燃烧压力和压力升高率较高，曲柄连杆受力较大；对转速和燃料质量特别敏感。

(b) 复合式：兼有球型油膜与半分开式燃烧室的特点。把空间雾化与油膜蒸发结合到一起，改善了冷机启动性能，可适应多种燃料，对燃油系统要求低。

(c) 半分开式：活塞上的凹坑与活塞顶部的余隙构成靠喷雾质量与挤压涡流形成可燃混合气，对燃油系统要求较低。油耗低，启动方便，工作比较柔和。

(d) 球型油膜式：工作柔和，燃烧噪声小，排烟好，性能指标好，可使用多种燃料，冷车启动困难，适用于小型高速机。

b. 分开式燃烧室：分开式燃烧室被明显隔成两部分，其一部分由活塞顶面及汽缸盖底面组成；另一部分在汽缸盖或汽缸体中，两者以一条或数条通道相联接。

(a) 涡流室式：对燃油系统要求不高，工作稳定，燃油消耗率高，冷车启动困难，对转速敏感，散热损失大。

(b) 预燃室式：预燃室容积占总燃烧室容积的 20%～40%，运转平稳，对燃油系统要求不高，对转速、燃油品质敏感性较小，燃油消耗率高，启动困难。喷嘴受高温作用，易损坏。

2) 直喷式燃烧室

① 统一式燃烧室如图 2.2-28 所示。

气缸盖底面，活塞顶面和缸壁形成统一的容积。涡流运动很微弱，活塞顶做成浅凹状。

a. 特点：(a) 形状简单，结构紧凑，散热面积小，散热损失少，容易启动，燃油消耗率最低。因此广泛应用于大中小高中低速柴油机；(b) 对燃油喷射系统要求高，高喷射压力和多孔喷油器；

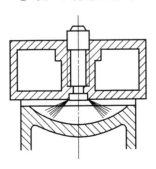

图 2.2-28 统一式燃烧室

(c) 最高燃烧压力 P_Z 和压力升高比 $\lambda=P_Z/P_C$ 都较高,使曲柄连杆机构受力较大;(d) 对柴油机转速变化及燃油质量特别敏感。

b. 改善方法 如果在向气缸冲入新鲜的空气时,造成空气涡流,就能改善统一式燃烧室内的混合气形成。四冲程柴油机中可以采用螺旋形气道或进气阀上做成导气屏,二冲程柴油机可采用进气孔按切线方向布置,实现切向扫气。

② 半分开式燃烧室如图 2.2-29 所示。

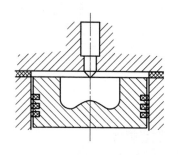 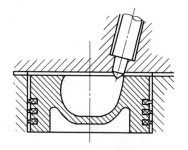

图 2.2-29 半分开式燃烧室　　图 2.2-30 球形油膜式燃烧室

特点:靠喷雾质量及压缩过程中空气在活塞顶的深凹坑内产生挤压窝流这两方面作用,促使燃油与空气均匀混合;对燃油系统要求低,但仍保持燃油消耗率低、启动方便的优点,并使柴油机柴油机工作柔和;分成两部分:较深的凹坑、活塞顶部余隙。但没有明显分开。

③ 球形油膜式燃烧室,如图 2.2-30 所示。

特点:严格地讲,属于半分开式的一种,但工作过程不同,油膜蒸发形成混合气。顺气流方向喷油,形成油膜,逐渐地蒸发、燃烧,其中一小部分先雾化完成点火准球形油膜式燃烧室备形成火源,再点燃大部分蒸发形成的可燃气体。工作柔和,噪声小,排烟少,能使用多种燃料,解决冷机启动困难。

④ 复合式燃烧室,如图 2.2-31 所示。

a. 特点:介于球型油膜与半分开式燃烧室之间,顶部有一

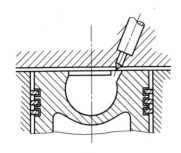
图 2.2-31 复合式燃烧室

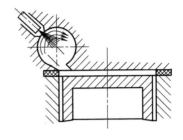
图 2.2-32 涡流室式燃烧室

"U"字型凹坑。能适应多种燃料（柴油，煤油，汽油，重油），对燃油系统要求低。

b. 混合气形成：空间雾化和油膜蒸发相结合。一部分形成油膜，一部分进行空间雾化。比例与柴油机工况有关：转速高时，气流运动增强，油膜形成增多，具有油膜燃烧特点；转速低时，气流速度低，空间雾化增多，空间燃烧，改善了冷机启动性能。

3）分开式燃烧室

① 涡流室式燃烧室（图 2.2-32）。

a. 结构特点：涡流室和主燃烧室，两者之间有通道相连，且通道与活塞顶倾斜一定的角度，与涡流室相切，涡流室容积占整个容积的 60%～80%，喷油器安装在涡流室式燃烧室涡流室内，燃油顺着涡流方向喷射。压缩冲程在涡流室产生涡流，喷油被冲散形成可燃混合气。膨胀开始后，未燃混合气和燃气一起冲入主燃烧室，与主燃烧室空气进一步混合燃烧。

b. 优点：对燃油系统要求不高，涡流强，不需高喷射压力；柴油机工作平稳。压力升高率较小；对柴油机转速变化不敏感。

c. 缺点：相对散热面积大，涡流室直接与冷却水接触，散热损失加大；节流损失较大，故冷机启动困难，燃油消耗率高。

② 预燃室式燃烧室，如图 2.2-33 所示。

a. 结构特点：连接通道不相切于内部空间，气流不会产生

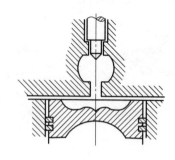

图 2.2-33 预燃室式燃烧室

涡流,而是产生强大的紊流,混合燃烧进入主燃烧室后,产生强烈的气体扰动,大部分燃料混合燃烧,预燃室容积占总燃烧室容积的20%~40%。

b. 优点:(a)柴油机运转平稳;(b)对燃油系统要求不高;(c)对转速,燃油品质敏感性较小。

c. 缺点:(a)燃油消耗率高;(b)起动困难;(c)预燃室喷嘴在高温环境工作,容易损坏。

4. 喷油泵

(1) 喷油泵功用

1) 作用

喷油泵又称高压油泵,其作用是提高燃油压力,并根据柴油机工况的要求,将一定量的燃油在准确时间内喷入燃烧室。

2) 要求

① 根据燃烧室形式和混合气形成方法不同,喷油泵必须提高压力足够高的燃油,以保证良好的雾化质量;

② 供油量可调节,且各缸供油量相等;

③ 保证各缸供油提前角相同,供油急速开始,停油迅速利落。

(2) 喷油泵的结构(图 2.2-34)

分为两种:单体泵与合成泵(整体泵)

单泵体主要由一个柱塞和柱塞套构成,本身不带凸轮轴,有的甚至不带滚轮传动部件,由于这种单体泵便于布置在靠近气缸盖的部位,使高压油管大大缩短,目前应用在缸径为 200mm 以上的大功率中、低速柴油机上。

合成泵是在同一泵体内安装与气缸数相同的柱塞偶件,每缸一组喷油元件,由泵体内凸轮轴的各对应凸轮驱动。合成泵可作

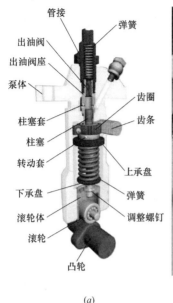
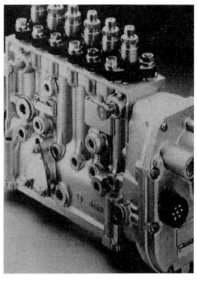

(a) (b)

图 2.2-34 喷油泵的基本结构

为柴油机的一个整体附件通过法兰或底部支座安装在柴油机上，并进行单独校准与维修。小型高速柴油机大多采用这种合成泵。

(3) 喷油泵的工作理论

1) 压油和吸油过程

① 预行程：从柱塞开始想上运动到油孔被柱塞上端面挡住前为止。

② 理论供油始点：柱塞套上的进油孔被柱塞上端面完全挡住的时刻。

③ 理论供油终点：柱塞套上的回油孔被柱塞上斜边打开的时刻。

2) 油量调节

① 供油量随负荷的要求在最大供油量与零之间。

② 三种调节方法：（a) 终点调节：转速不变的柴油机上。

(b) 始点调节：直接带动螺旋桨的柴油机。(c) 同时调节：适用于高增压及转速和负荷均变化。

5. 出油阀

出油阀位于喷油泵上端，柱塞压油时开启，不压油时在出油阀弹簧和油管压力下关闭，属精密偶件。

作用：

(1) 隔断柱塞套内腔和高压油管，防止柱塞下行时，将高压油管中燃油吸回。

(2) 使高压油管中保持一定残余压力，以便于下次开启时，管内燃油压力可以很快升高。

(3) 在喷油泵供油结束时，能使高压油管中油压迅速下降，以保证断油干脆，消除喷油器的滴油现象。

6. 喷油器

(1) 安装在气缸盖上，将燃料雾化成极细的微粒，喷入气缸，对雾化质量的要求主要取决于燃烧室形式。结构：喷油器和喷油嘴两部分。按喷油嘴形式分为：开式和闭式。

(2) 分类

1) 开式喷油器

开式喷油器的主要特点是喷油器喷油管内腔始终与燃烧室相通。由于它没有关闭喷孔的针阀，故称为开式喷油器。

优点：结构简单，无精密配合的运动件。

缺点：容易产生滴油，无明显的压力界限，故供油开始时，在压力不足的情况下有可能漏油，在断油时由于油管和燃料的膨胀也可能产生滴油。

2) 闭式喷油器

主要用于直喷式燃烧室，喷孔数目 1~8 个，最多可达 10 个，孔径 0.15~1.0mm。喷孔数目和方向决定于不同燃烧室对喷雾质量的要求以及喷油器在燃烧室布置。喷油嘴针阀的上面压弹簧，使针阀紧压在针阀体座面上，当喷油泵输送的高压油作用在锥面上时，才能使针阀抬起开始喷射。

7. 输油泵

（1）功用

输油泵的功用是当柴油机工作时克服管路中的流动阻力，将燃油箱内的燃油输送至柴油机。

（2）三种形式

①活塞式；②齿轮式；③刮板式。

8. 滤清器

在柴油机中一般都安装两个滤清器。第一个为粗滤器，它安装在输送泵之前，滤出较大的杂质。第二为精滤器，能滤出微小的杂质，它安装在喷油泵之前。

（1）粗滤器：网式滤清器。

（2）精滤器：纸质式和毛毡式滤清器，高压缝隙式。

2.2.11 调速器

1. 调速器的作用：

在柴油机各种工况运转中，当外界负荷发生变化时能自动调节喷油泵的供油量，以保证柴油机在规定的转速下稳定运转：

（1）防止柴油机运转超速运转（飞车）：控制最高转速；

（2）保证最低转速下能稳定运转：控制最低转速；

（3）随着外界负荷的变化，自动调节供油量，使之在规定的转速下稳定工作。

2. 调速器的分类：

（1）根据控制机构的不同有：电子式、液压式、气动式和机械式。

（2）据用途的不同分为：单制式、双制式和全制式。

1）单制式：单置式调速器又称恒调速器，只能控制柴油机的最高速度。这种调速器中调速弹簧的预紧力是固定不变的，只有当柴油机转速超过最高标定转速时，调速器才能起作用，故称恒速调速器。

2）双置式：双置式调速器又称两极式调速器，用来控制柴油机的最高转速和最低稳定速度。

3）全置式：全置式调速器可以控制柴油机在规定的转速范围内任意转速下运动。其工作原理与恒调速器的区别在于弹簧承盘做成活动的，因此，弹簧的弹力不是固定值，而是由操纵杠杆控制，随操纵杠杆位置的变化，调速器弹簧的弹力也随之变化，故可以控制柴油机在任意转速下稳定工作。

2.3 JZ-7型空气制动机

2.3.1 JZ-7型制动机的特点及参数

1. JZ-7型机车制动机的主要特点

（1）JZ-7型机车制动机既能用于客运机车，也能用于货运机车。客车位能阶段缓解，货车位为一次缓解。

（2）该型制动机属于自动保压式，即列车管减压后可自动保压。

（3）自动制动阀所设操纵位置：过充位、运转位、最小减压位—最大减压位、过量减压位、手柄取出位和紧急制动位。

（4）结构上采用橡胶膜板和带有○形橡胶密封圈的柱塞结构，便于制造和检修。

（5）分配阀采用了二压力与三压力混合形式的机构，既具有阶段缓解作用，又具有一次缓解作用。同时，当制动缸漏泄时能自动补风，具有良好的制动不衰性。实施紧急制动制动缸可增压。

（6）为适应长大货物列车的需要设有过充位，以缩短列车管、副风缸初充气和再充气的时间。

2. 基本参数

见表2.3-1、表2.3-2、图2.3-1。

JZ-7技术参数　　　　　　　　表2.3-1

技 术 项 目	技术要求
全制动位最高制动缸压力(kPa)	300
全制动位制动缸自0升到280kPa的时间(s)	3s以内
运转位制动缸自300降至35kPa的时间(s)	4s以内

自动制动性能表　　　　　　　表 2.3-2

技　术　项　目	技术要求
分配阀工作风缸初充气自 0 上升到 460kPa 的时间(s)	50～60
分配阀降压风缸初充气自 0 上升到 480kPa 的时间(s)	55～65
列车管有效局减量(kPa)	25～35
单机列车管减压 20kPa 前应发生局减作用,同时主阀动作	局减开始,制动缸升压
常用全制动后阶段缓解次数	不少于 5 次(客车位)
均衡风缸自 500kPa 常用减压至 360kPa 的时间(s)	5～7
常用全制动制动缸最高压力(kPa)	340～360
常用全制动制动缸升压时间(s)	5～7
制动缸自 350kPa 缓解至 35kPa 的时间(s)	5～8
紧急制动列车管压力排至 0 的时间(s)	3s 以内
紧急制动后,制动缸最高压力(kPa)	420～450
紧急制动后,制动缸升至最高压力的时间(s)	5～7

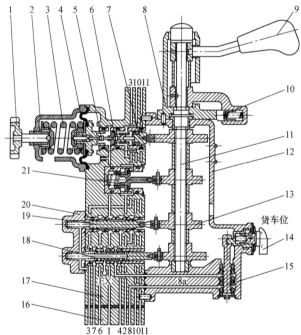

图 2.3-1　JZ-7 自动制动阀结构原理

1—调整手轮；2—调整阀盖；3—调整弹簧；4—调整阀膜；△5—排气阀；
△6—供气阀；7—调整阀柱塞；8—盖；9—手柄；10—手柄定卡；11—手柄轴；
12—凸轮盒；13—凸轮；14—转换手柄；15—客货车转换阀；△16—管座；
△17—阀体；△18—缓解柱塞阀；19—重联柱塞阀；20—前盖；△21—放风阀；
管号：△1—均衡风缸管；△2—列车管；△3—总风缸管；△4—中均风
管(即中继阀均衡风缸管)；6—撒砂管；△7—过充管；△8—总风管；
△10—单独缓解管；△11—单独作用管；△—检查清洁度部位

2.3.2 结构性能及作用

1. JZ-7型机车制动机的构造

JZ-7型机车制动机由自动制动阀、单独制动阀、中继阀、分配阀、作用阀、均衡风缸、工作风缸、降压风缸、作用风缸、制动缸等组成。

2. JZ-7型机车制动机的结构

（1）自动制动阀

自动制动阀系自动保压式，设有过充位、运转位、最小减压位及常用制动区、过量减压位、手把取出位及紧急制动位。自动制动阀由调整阀、放风阀、重联柱塞阀、缓解柱塞阀、二位阀、阀体及管座等部分组成。

1）管座：管座上设有9根管路（图2.3-2）：①均衡风缸；②列车管；③总风管；④中均管；⑤撒砂管；⑥过充管；⑦遮断阀管；⑧单独缓解管；⑨单独作用管。

2）调整阀：该阀是用以控制均衡风缸压力变化的。其结构上采用橡胶膜板密封和柱塞双向止阀结构，其稳定性和灵敏性较高（图2.3-3）。

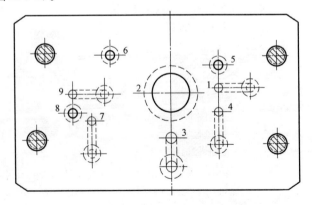

图2.3-2 制动阀管座上的管路布置图
1—均衡风缸管；2—列车管；3—总风管；4—中均管；5—撒砂管；
6—过充管；7—总风缸遮断阀管；8—单独缓解管；9—单独作用管

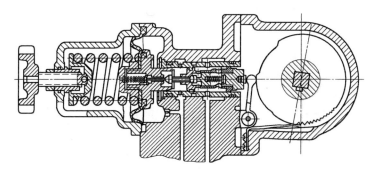

图 2.3-3 调整阀结构原理

3)放风阀如图 2.3-4 所示,由放风阀阀杆、阀座及阀弹簧组成,在紧急制动位时,放风阀开启,排出列车管压力。

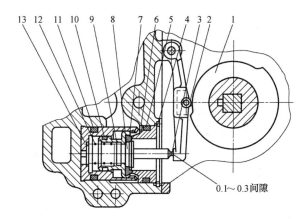

图 2.3-4 放风阀结构

1—放风阀凸轮;2—放风阀杠杆;3—柱塞头;4—弹簧挡圈;5—○形圈;
6—放风阀座;7—放风阀胶垫;8—放风阀杆;9—放风阀;10—○形圈;
11—○形圈;12—放风阀弹簧;13—放风阀套

4)重联柱塞阀的结构如图 2.3-5 所示,主要由柱塞、套、柱塞弹簧○形圈等组成。重联柱塞有 3 个作用位:

① 自阀手把在 1~5 位(过充位、运转位、最小减压位及常用制动区、过量减压位)的任何位时,柱塞沟通均衡风缸管(1)

2 工程车基础知识 | 155

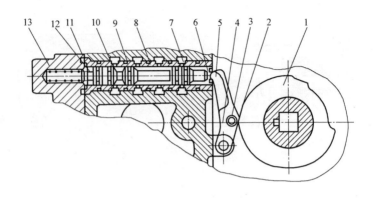

图 2.3-5 重联柱塞阀结构图

1—重联柱塞凸轮；2—滚轮；3—滚轮销；4—转销；5—放大杠杆；6—柱塞头；7—柱塞○形圈；8—○形圈；9—重联柱塞阀套；10—重联柱塞阀柱塞；11—柱塞弹簧；12—○形圈；13—前盖

和中均管（4），由均衡风缸的压力变化来控制中继阀动作，此时列车管（2）和撒砂管（6）的通路被柱塞关闭。

② 自阀手把置 6 位（手把取出位），柱塞将列车管（2）和中均管（4）沟通，中继阀锁闭，此时，均衡风缸管（1）与撒砂管（6）的通路被柱塞关闭。

③ 自阀手把置 7 位（紧急制动位），柱塞将总风（3）与撒砂管（6）沟通，列车管（2）与中均管（4）沟通，均衡风管（1）的通路被打开。

5) 缓解柱塞阀有三个作用位：

缓解柱塞阀的结构如图 2.3-6 所示，主要由柱塞、套、柱塞○形圈、弹簧等组成。

① 自阀手把在 1 位（过充位），柱塞将总风与过充管沟通，中继阀能使列车管得到比原规定压力高 30~40kPa 的压力。同时将二位阀的（8a）管与大气沟通。

② 自阀手把在 2 位（运转位），总风通管的通路被柱塞切断，(8a) 管仍通大气。

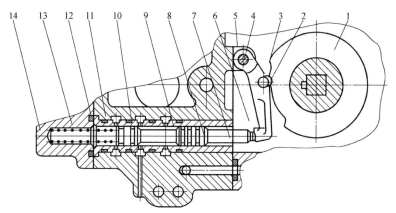

图 2.3-6 缓解柱塞阀结构图

1—缓解柱塞阀凸轮；2—滚轮；3—滑轮销；4—转销；5—放大杠杆；6—柱塞头；
7—胶垫；8—缓解柱塞阀柱塞；9—缓解柱塞阀套；10—柱塞○形圈；
11—套○形圈；12—○形圈；13—柱塞弹簧；14—前盖

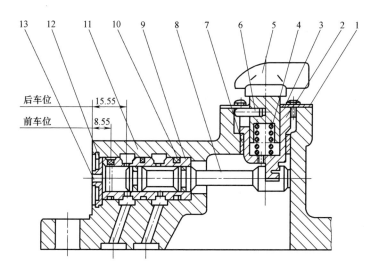

图 2.3-7 客、货车转换阀结构图

1—指示牌；2—偏心杆；3—半沉头螺钉；4—手柄弹簧；5—转换按钮；6—销；
7—手柄套；8—二位阀柱塞；9—阀套；10—柱塞○形圈；11—套○形圈；
12—弹性挡圈；13—挡盖

③ 自阀手柄在3～7位（最小减压位及常用制动区、过量减压位、手把取出位及紧急制动位）间，柱塞将（8a）管与总风联通，视客、货转换阀所在位置，控制总风遮断阀的开关，同时过充管通大气。

（2）客、货车转换阀客、货车转换阀用以关闭或开启中继阀的总风遮断阀，在"客车位"时，自阀无论在何位置，总风遮断阀总是开启的；在"货车位"时，自阀手把在1～2位，总风遮断阀开启，自阀手把在3～7位时，总风遮断阀则关闭。

（3）单独制动阀

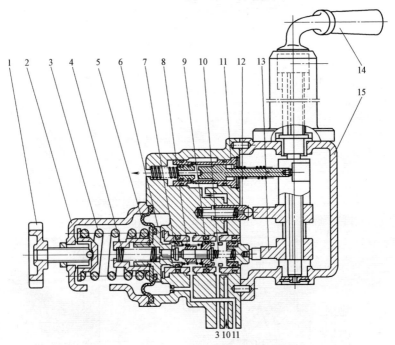

图 2.3-8 单独制动阀结构原理

1—调整手轮；2—调整阀盒；3—调整弹簧；4—排气阀弹簧；5—调整阀膜板；6—调整阀座；7—排气阀；8—供气阀；9—调整阀柱塞；10—供气阀弹簧；11—单缓柱塞阀；12—定位柱塞；13—凸轮；14—手柄；15—凸轮盒

单独制动阀用以操纵单机的制动和缓解及自阀制动后,施行机车单缓。该阀为自动保压式。单独制动阀主要由调整阀、单缓柱塞阀、定位柱塞、凸轮盒及手把等组成。设有三个位置:单缓位;运转位;制动区(图2.3-8)。

1) 调整阀

调整阀主要起直接控制继动阀(作用阀)的作用,使机车制动与缓解,其结构与自阀调整阀基本相同。

当单阀手把在制动区时,调整阀的供给阀开启,使总风压力经作用管向继动阀(作用阀)充气,使机车发生制动作用。将手把移回运转位,作用管内的空气经调整阀的排气阀排向大气,使机车缓解。

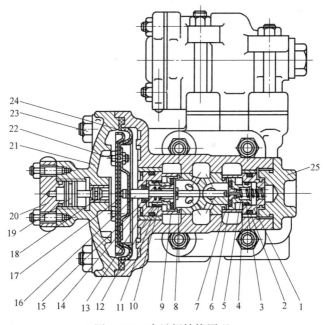

图 2.3-9 中继阀结构原理

1—阀气阀套;2、3、11、12、14—O形圈;4—供气阀;5—供气阀弹簧;6、15—胶垫螺帽;7、8—挡圈;9—排气阀胶垫;10—排气阀;13—排气阀套;16—顶杆;17—主活塞;18—过充柱塞;19—膜板活塞;20—过充盖;21—中继阀盖;22—螺钉;23—六角螺母;24—膜板;25—螺盖

2) 单缓柱塞阀

单缓柱塞阀的作用是在列车制动时,单独缓解机车的制动作用。其结构由单缓柱塞阀弹簧、单缓柱塞、定位片、挡圈及○形圈等组成。当自阀手把对列车施行制动后,单阀手把推至单缓位,机车分配阀、工作风缸的空气经单缓管到单缓柱塞阀排向大气,使机车得以缓解。

(4) 中继阀

中继阀受自动制动阀的操纵而控制列车管压力变化的装置。另外,当自阀手把在过充位时,能使列车管压力比规定压力高30~40kPa,而自阀手柄回运转位,列车管的过充压力则能慢慢消除(正常情况下两分钟消除完)(图2.3-9)。

双阀口式中继阀由主鞲鞴膜板、排气阀、供气阀、阀座、阀体、过充盖、过充柱塞、顶杆及各作用弹簧等组成。双阀口式中继阀有四个作用位置:①缓解充气位;②缓解保压位;③制动位;④制动保压位。

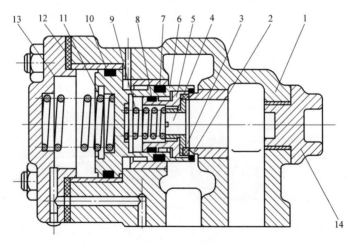

图 2.3-10 总风遮断阀结构原理
1—遮断阀体;2—挡圈;3—胶垫;4—胶垫螺帽;5—遮断阀;6—遮断阀套;
7、8、10—○形圈;9—遮断阀弹簧;11—弹簧;12—胶垫;
13—遮断阀盖;14—螺盖

（5）总风遮断阀

总风遮断阀主要由阀体、遮断阀、阀座、阀套及弹簧等组成（图 2.3-10）。

总风遮断阀系受自阀的客、货车转换阀控制，当客、货车转换阀置"货车位"时，列车在制动时总风遮断阀处于关闭状态；而客、货车转换阀置"客车位"时，总风遮断阀总是开启的。

（6）F-7 型机车分配阀

F-7 分配阀是二、三压力机构的混合机构，既能一次缓解，又能阶段缓解。

F-7 分配阀由主阀部，副阀部和紧急部三部分组成，并用一个管座将三部分连成一体（图 2.3-11）。

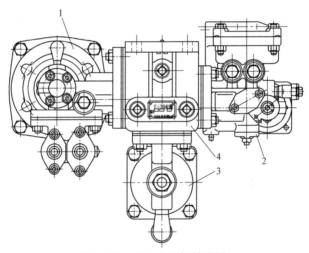

图 2.3-11　F-7 分配阀外形图
1—主阀部；2—副阀部；3—紧急部；4—中间体

1）主阀部

主阀部由主阀、常用限压阀、紧急限压阀、工作风缸、充气止回阀等组成（图 2.3-12、图 2.3-13）。

① 主阀：主阀由大膜板、小膜板、主阀空心阀杆和供气阀等组成。主阀有三个作用位：缓解位，制动位，保压位。

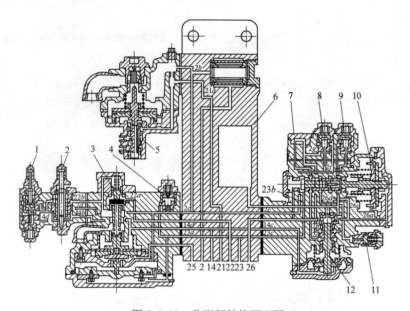

图 2.3-12 分配阀结构原理图

1—紧急限压阀；2—常用限压阀；3—主阀；4—工作风缸充气止回阀；5—紧急放风阀；6—管座；7—转换盖板；8——次缓解逆流止回阀；9—局减止回阀；10—副阀；11—保持阀；12—充气；管号：25—通大气；2—通列车管；14—通作用风缸；22—通总风缸；21—通紧急风缸；23—通工作风缸；26—通降压风缸

缓解位系大膜板上侧列车管增压，促使膜板鞲鞴带动主阀空心杆下移，开放排气口，将作用风缸的压力空气排至大气，使机车缓解。缓解的程度视列车管压力增加大小而异。

制动位是当列车管减压，大膜板鞲鞴两侧产生压差，使大膜板鞲鞴带动空心阀杆上移，顶开供气阀，总风经供气阀口、常用限压阀向作用风缸充气，起制动作用。

保压位是列车施行制动后，当作用风缸压力升至与列车管减压相适应时，大膜板鞲鞴带动空心阀杆下移到使供气阀关闭的位置，但空心阀杆仍与供气阀接触，此时为制动后的保压状态。

② 常用限压阀

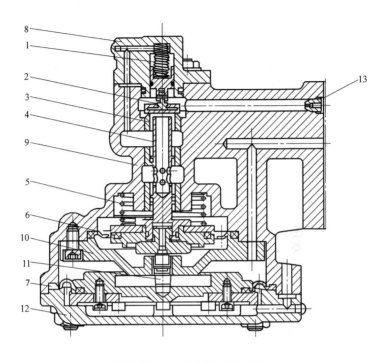

图 2.3-13 分配阀主阀结构图

1—供气阀弹簧;2—供气阀;3—供气阀座;4—空心阀杆;5—缓解弹簧;
6—小模板鞲鞴;7—大模板鞲鞴;8—平衡阀盖;9—主阀体;
10—中盖;11—顶杆;12—下盖;13—限制堵

常用限压阀由调整螺钉常用限压弹簧、柱塞限压阀○形圈和阀套等组成。在常用全制动时,由于作用风缸及柱塞限压阀底部的压力达到规定值,柱塞限压阀便克服弹簧之压力上移,切断总风与作用风缸的通路,起到了限压作用,限制的压力值可由调整螺钉调整(图 2.3-14)。

③ 紧急限压阀紧急限压阀为柱塞鞲鞴止阀结构,它由调整螺钉、紧急限压弹簧、柱塞鞲鞴、紧急限压阀套、止阀及○形圈等组成(图 2.3-15)。

自阀施行紧急制动时,柱塞鞲鞴大直径下部列车管压力迅速

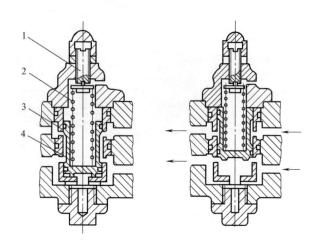

图 2.3-14 限压阀结构图
1—调整螺钉；2—常用限压弹簧；3—限压阀套；4—柱塞限压阀

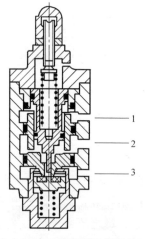

图 2.3-15 紧急限压阀结构图
1—列车管；2—作用风缸；
3—主阀供气阀或排气口

降至零，并在弹簧的作用下迅速下移，打开止阀，使总风经紧急限压阀套下部的小孔向作用缸充气。当作用风缸达到规定压力时，作用于柱塞鞲鞴小直径下部，作用风缸压力克服弹簧的压力而上移，止阀在弹簧的作用下上移时阀口关闭，使作用风缸的压力被限制在规定压力之内。

在紧急制动开始缓解时，作用风缸的空气，首先经止阀上部和主阀空心杆排大气，当压力降至 340～360kPa 以下，常用限压阀的柱塞阀下移复位，作用风缸的压力空气经常用限压阀到主阀空心杆排至大气。

④ 工作风缸充气止回阀

该阀由弹簧、止回阀、止回阀座、弹簧挡圈、风堵等组成。

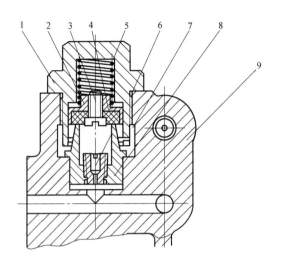

图 2.3-16 工作风缸充气止回阀结构图
1—螺座；2—止回阀；3—螺钉；4—胶垫；
5—弹簧；6—风堵；7—弹簧挡圈；
8—止回阀座；9—主阀体

如图 2.3-16。

该阀的作用是在缓解充气时，列车管压力空气经止回阀向工作风缸充气。在列车管减压时，防止工作风缸的压力向列车管倒流。

2）副阀部

副阀部由副阀、充气阀、保持阀、局减止回阀、一次缓解逆流止回阀及转换盖板组成。副阀有三个作用：一是消除工作风缸与降压风缸的过充压力，二是能加速主阀的缓解，三是使列车管起局减作用。

① 副阀

副阀结构如图 2.3-17 所示，主要由膜板、柱塞、弹簧、阀套及 ○ 形圈等组成。副阀共有 4 个作用位，即缓解充气位、局减位、制动位和保压位。

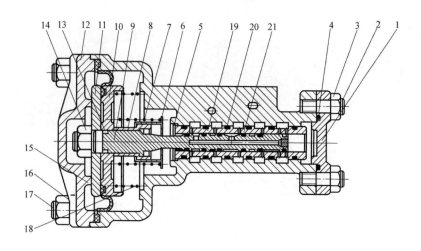

图 2.3-17　副阀结构图

1—盖；2—双头螺栓；3—六角螺母；4—○形圈；5—挡圈；6—弹簧托；
7—稳定弹簧；8—套；9—副阀柱塞；10—副阀内鞲鞴；11—压板；
12—副阀盖；13—○形圈；14—螺母；15—模板；16—六角螺母；
17—双头螺栓；18—缓解弹簧；19—副阀套；20、21—○形圈

② 充气阀　充气阀有三个作用：一是在完全缓解时，列车管的风压经该阀向工作风缸和降压风缸充气，如列车管已有过充压力，其工作风缸和降压风缸的过充压力能经该阀而消除；二是产生列车管的局减作用；三是在阶段缓解时防止工作风缸和降压风缸的空气向列车管逆流。

充气阀的构造如图 2.3-18 所示，主要由膜板、柱塞、阀套、弹簧、胶垫、挡圈等组成。充气阀有两个作用位置，即缓解位和作用位。

③ 保持阀　保持阀是为了在常用全制动、过量减压或紧急减压后使降压风缸保持一定压力而设（一般控制在 300～340kPa）。其结构如图 2.3-19 所示，主要由○形圈、保持阀、阀体、弹簧等组成。

④ 局减止回阀

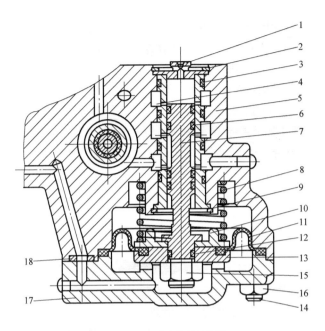

图 2.3-18 充气阀结构图

1—挡板；2—挡圈；3—O形圈；4—充气阀套；5—副阀体；6—O形圈；7—充气阀柱塞；8—弹簧；9—挡圈；10—压板；11—膜板；12—O形圈；13—膜板托；14—螺栓；15、16—螺母；17—充气阀盖；18—胶垫

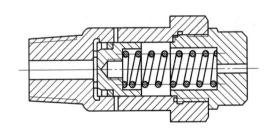

图 2.3-19 保持阀结构图

该阀与工作风缸充气止回阀的结构相同，仅多一个限制螺堵，其作用是防止局减室压力向列车管逆流，避免引起副阀自然缓解。

⑤ 一次缓解逆流止回阀

该阀的结构与工作风缸充气止回阀相同，仅少一个止回阀弹簧，其作用是常用制动缓解时，使工作风缸的空气经转换阀盖到该阀，进而快速向列车管充气，加速了主阀的缓解（转换阀盖在"阶缓位"无此作用）。

⑥ 转换阀盖

此盖有两个位置：一是"直缓位"，二是"阶缓位"。在直缓时，工作风缸的空气经此盖流向列车管，而在阶段缓解位时则不能。

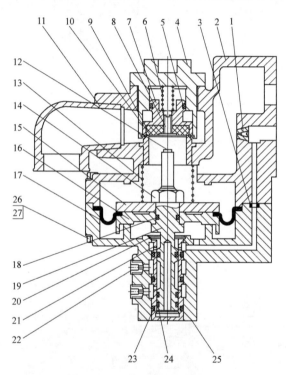

图 2.3-20　紧急放风阀结构图

1—缩口风堵；2—紧急放风阀上体；3—胶垫；4—螺盖；5—O形圈；6—放风阀弹簧；7—放风阀；8—螺帽；9—胶垫；10—挡圈；11—内外弯接头；12—触头；13—复原弹簧；14—螺母；15—压板；16—鞲鞴；17—膜板；18—O形圈；19—柱塞杆；20—挡圈；21—放风阀；22—缩口风堵；23、24—O形圈；25—紧急放风阀下体；26—螺母；27—螺栓

3)紧急部

紧急部系紧急放风阀,它由膜板、鞲鞴、柱塞杆、放风阀、放风阀套、三个缩风堵、弹簧及○形圈等组成(图2.3-20)。

该阀有三个作用位:第一,充气缓解位(图2.3-21);第二,常用制动位(图2.3-22);第三,紧急制动位(图2.3-23)。

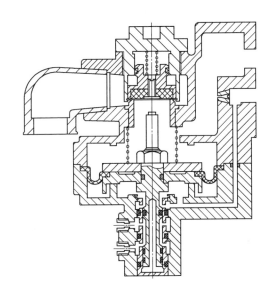

图2.3-21 充气缓解位

该阀的主要作用是在紧急制动时,将列车管的空气迅速排向大气,使列车起紧急制动作用。

(7)继动阀(作用阀)作用阀主要由膜板、作用鞲鞴、空心阀杆、供气阀、缓解弹簧、阀体及管座等组成(图2.3-24)。该阀共有3个作用位:一是缓解位(图2.3-25),二是制动位(图2.3-26),三是保压位(图2.3-27),各位置作用如图所示,其主要作用是控制机车制动缸的充气和排气,使机车得以制动和缓解。

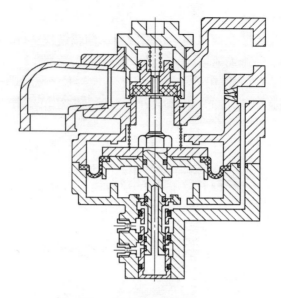

图 2.3-22 常用制动位

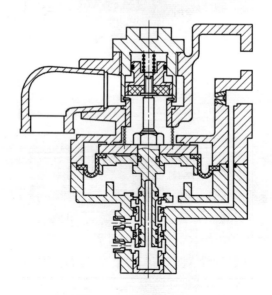

图 2.3-23 紧急制动位

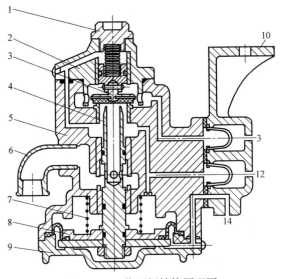

图 2.3-24 作用阀结构原理图

1—上堵;2—上盖;3—供气阀;4—空气阀杆;5—阀体;6—排气弯头;
7—缓解弹簧;8—作用活塞;9—下盖;10—管座

管号:3—总风缸管;12—制动缸管;14—作用风缸管

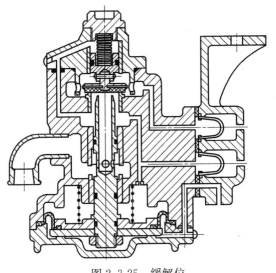

图 2.3-25 缓解位

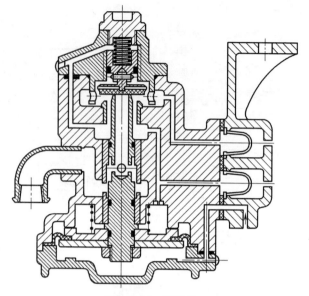

图 2.3-26　制动位

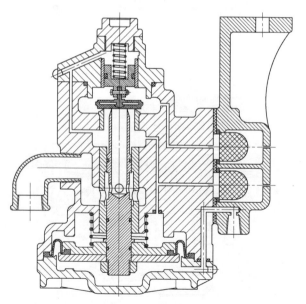

图 2.3-27　保压位

2.3.3 JZ-7型机车制动机的综合作用

1. 自动制动作用自动制动作用是单阀手把在运转位，自阀手把在各位的综合作用。

（1）过充位

1）自动制动阀：调整阀向均衡风缸、调整膜板右侧充气，充至定压后，自动保压，重联柱塞沟通均衡风缸和中均管，缓解柱塞将遮断阀管与大气连通，并将总风与过充管和过充风缸连通。

2）中继阀：由于中均管压力升高，顶开供气阀，总风向列车管迅速充气，此外，过充压力的作用，使列车管的充气压力比规定压力高30~40kPa，而后，中继阀处于保压状态。

3）分配阀：列车管向工作风缸，降压风缸，紧急风缸及各气室充气，最终均充至比规定压力高30~40kPa，同时作用风缸的风压排大气。

4）作用阀：由于作用风缸的空气已排出，作用阀缓解，制动缸压力排大气，机车缓解。

（2）运转位该位置是列车缓解再充气和运转时所设位置，该位的作用通路与过充位基本相同，不同的是：

1）自动制动阀：缓解柱塞将总风和过充管及过充风缸的通路切断，过充压力由过充风缸的小孔排掉。

2）中继阀：过充柱塞的压力逐渐降低，中继阀膜板带动顶杆，打开排气阀，逐渐消除列车管内的过充压力。

3）分配阀的工作风缸，降压风缸的过充压力经副阀逆流到列车管逐渐消失，紧急风缸的过充压力经紧急阀逆流到列车管逐渐消失。

（3）常用制动区，设有最小及最大减压位，自阀手把在制动区的不同位置，列车管的减压量则不同。

1）自动制动阀：调整阀将均衡风缸，调整膜板右侧和中继阀的中均室的压力排大气，压力排出多少视手把停留的位置而异，其最小减压量为50kPa，缓解柱塞将总风与遮断阀管(8)连通，从而关闭总风遮断阀。

2）中继阀：由于膜板左侧中均室压力降低，排气阀开启，列车管压迅速排大气，直至列车管与中均室等压后便处于保压状态。

3）分配阀：由于列车管压力降低，副阀鞲鞴发生移动，首先将列车管和局减室连通，产生局减作用，同时切断了工作风缸与降压风缸的通路，连通了降压风缸经保持阀排大气的通路，待降压风缸降至与列车管等压时，鞲鞴再移至保压位。主阀膜板鞲鞴由于列车管的降压而迅速上移，待作用室、列车管和工作风缸三者压力平稳时，主阀便处于保压状态。充气阀在作用风缸压力达24kPa时，鞲鞴动作，关闭局减室排大气的通路。常用限压阀达规定压力时切断总风向作用风缸的充气之路。

4）作用阀：由于作用风缸的压力，使作用鞲鞴上移，空心阀杆顶开供气阀，总风向制动缸充气，使机车发生制动。

（4）过量减压位该位置的作用与常用全制动区基本相同，区别是常用制动区的最大减压量为170～190kPa，而该位的减压量为240～260kPa。

（5）手把取出位：该位置是为重联机车、无动力回送机车及本务机车非操纵端而设置的位置。①自动制动阀：均衡风缸的减压量为250kPa，重联柱塞阀将中均管和均衡风缸的通路切断，同时连通中均管与列车管之通路。②中继阀：由于重联柱塞将中均管和列车管联通，中继阀于自锁状态，失去了对列车的控制能力。

（6）紧急制动位：该位置是操纵列车紧急停车所使用的位置，自阀手把在此位时单机列车管压力应在3s内排放到零。

1）自动制动阀：调整阀保持均衡风缸减压量为250kPa，重联柱塞将总风与撒砂管连通，中均管通列车管。

2）中继阀与取把位相同，处于自锁状态。

3）分配阀：由于列车管压力迅速下降，主、副阀膜板鞲鞴迅速移到制动位，副阀柱塞切断了工作风缸与降压风缸的通路，同时降压风缸经保持阀排大气，主阀空心杆顶开供气阀，总风先经常用限压阀，后经紧急限压阀向作用风缸充气，其最高压力为420～450kPa。

2. 单独制动作用

单独制动作用系自阀手把在运转位，单阀手把在制动区的作用及自阀手把在制动区，单阀手把在单缓位时的作用。

（1）自阀手把在运转位，单阀手把在制动区，此时单阀调整阀处于制动位，总风经调整阀向作用管充气，并经变向阀进入作用阀膜板下方，作用阀进入制动位，制动缸所得压力的高低，视单阀手把所在位置而定，其最高压力为300kPa。单阀手把在制动区阶段右移，机车则阶段制动，阶段左移可得到阶段缓解。

（2）自阀手把在制动区，单阀手把在单独缓解位，此位置用于调节列车制动时的运行速度，车辆制动，机车缓解。手把移至此位时，单缓柱塞将工作风缸的压力空气排大气，分配阀的主阀进入缓解位，作用风缸的压力空气排大气，同时作用阀也将制动缸的压力空气排大气，机车得以缓解的程度视单阀手把置单缓位的时间长短而异，自阀手把在常用制动区及紧急制动位时，机车制动缸的压力均可缓解到零。

2.3.4 使用注意事项

（1）在操纵列车制动时，若需要缓解后部车辆制动，而又需要保持机车制动作用，先将自阀手把保持制动区，再把单阀手把推向制动区，然后再把自动制动阀手把推向过充位或运转位。

（2）为了加速全列车的充气速度，可将自阀手把置于过充位，列车管空气压力高于定压30~40kPa，当手把回到运转位后，能自动地消除列车管的堵塞充压力，且不会产生机车及后部车辆的自然制动。

（3）JZ-7型制动机在运行过程中不会发生机车自然制动的现象，因此，不须经常推动单阀手把到缓解位。

（4）列车在长大下坡道地区运行时，由于制动缓解频繁，因车辆三通阀的副风缸压力还没有恢复到定压，此时若施行正常的减压可能使车辆制动力很小，甚至无压力，所以此时自阀手把可移至过量减压位，将列车管压力降低240~260kPa，由于列车的进一步减压，车辆制动机可获得所需的制动力。

（5）装于JZ-7型制动机的机车，在运行之前司机首先须确认机车作为本务机车，重联机车还是无火回送机车，然后根据机车运行的性质,对制动机作适当的处理。

1)作为本务机车时,若为双端操纵时,操纵端自阀手把置运转位,单阀置于运转位。非操纵端自阀手把轩于手把取出位,并将手把取出,单阀仍然置于运转位。对于客货车转换阀须根据牵引车辆制动机的缓解型式来决定,一次缓解型的设在"货车位",阶段缓解型的设在"客车位"。

2)作为重联机车时,在机车的操纵端及非操纵端的自阀手把均置于手把取出位,单阀手把置于运转位,两端的客货车转换阀均置于"贷车位"。

3)作为无火回送机车时,在机车的操纵端及非操纵端的自阀手把均置于手把取出位,单阀手把置运转位,两端的客货车转换阀均置于"贷车位",同时把无动力装置的塞门开通,将分配阀的常用限压阀调到 250kPa。

(6)使用 JZ-7 型制动机单阀缓解时,由于缓解太快,容易拉断车勾,操纵时应引起注意。

2.3.5 JZ-7 型机车制动机的维护

JZ-7 型机车制动机的维护及保养应当按照铁路机车检修规则中有关条文执行。为了保证列车行车安全、延长使用寿命,及时地维护和保养制动机非常重要。

1. 列车维护

为了确保 JZ-7 型机车制动机正常操作,列车始发之前必须进行如下检查:

(1)列车后部的充气必须达到规定的压力。

(2)各车辆的各折角塞门必须全开。

(3)编组中制动关门车辆数不应超过规定的辆数(不得超过一辆)。

(4)列车管泄漏每分钟不超过 20kPa。

(5)制动机的制动及缓解性能应符合要求。

(6)紧急制动阀(车长阀)铅封完整。

(7)空气压缩机工作良好。

（8）其他制动附属装置性能良好（包括基础制动装置）。

2. 运用检查维护

对于 JZ-7 型机车制动机应该按检修规则所规定的周期进行如下维护：

（1）各风缸排水阀，总风缸及制动主管的折角塞门不得漏泄并作用良好，制动管路每分钟泄漏不得超过 10kPa（修造机车为每分钟 20kPa）。

（2）空气压缩机汽缸阀室及呼吸管须拆下清洗。

（3）空气压缩机有关机件如连杆，曲轴其状态应良好，并更换不良的润滑油。

（4）对于 JZ-7 型机车制动机系统中自阀、单阀、分配阀、继动阀、中继阀须拆下进行清洗，并试验性能良好。

3. 检修

JZ-7 型机车制动机由于采用新型的橡胶膜板，橡胶〇形圈及止阀等密封结构，为了提高分解检修质量，所以在分解检修中必须做到：

（1）严格按拆装的工艺过程，使用各专用工具进行分解组装和检修。

（2）对自阀、单阀等各空气阀类要经外部吹扫后，再进行分解，用汽油洗干净，然后吹干，擦拭时采用纱布或绸布，不要使用棉纱，并检查各气路有无状况。

（3）对于自阀凸轮、放大杠杆等相接触的磨耗件，若磨耗得过大，影响其工作性能时应更换（若经过焊修等可修复的则也允许）。

（4）对于各橡胶衬垫进行外观检查有无老化、裂纹、凹坑、翘曲、变形等缺陷，不良者进行更换，〇形圈及膜板等则全部更换。

（5）各橡胶膜板及橡胶〇形圈及止回阀等密封结构均不能沾柴油、汽油等油质，〇形圈外部可适当涂些白凡士林。

（6）对于各阀弹簧要按图纸检查锈蚀的更换新的，一般较重要弹簧，可进行工作负荷的检查。

（7）组装时一定要推动各膜板、止阀及柱塞体，动作应灵敏不应有过紧或卡住的现象。

（8）组装后各单阀要在标准的 JZ-7 型试验台上试验，其试验标准：Q/TP15-001-88，JZ-7 型机车制动机各单阀试验条件。

JZ-7 型制动阀安装外形图见图 2.3-28，F-7 分配阀安装外形图见图 2.3-29，中继阀安装外形图见图 2.3-30，空气继动阀外形见图 2.3-31。

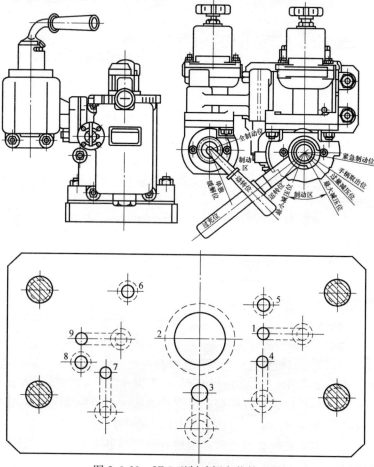

图 2.3-28　JZ-7 型制动阀安装外形图

1—均衡风缸管；2—列车管；3—总风管；4—中均管；5—撒砂管；6—过充管；
7—遮断管；8—单独缓解管；9—单独作用管

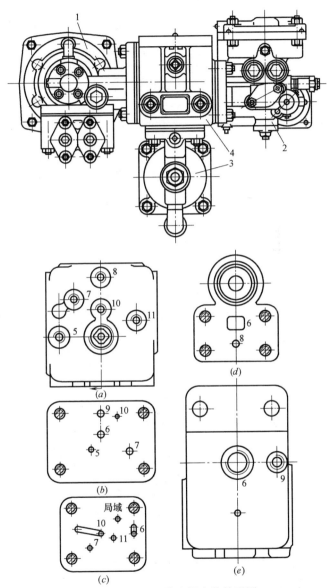

图 2.3-29　F-7 分配阀安装外形图

1—主阀部；2—副阀部；3—紧急部；4—中间体；5—通大气；6—列车管；
7—作用风缸管；8—紧急风缸管；9—分配阀总风管；10—工作风缸；11—降压风缸管

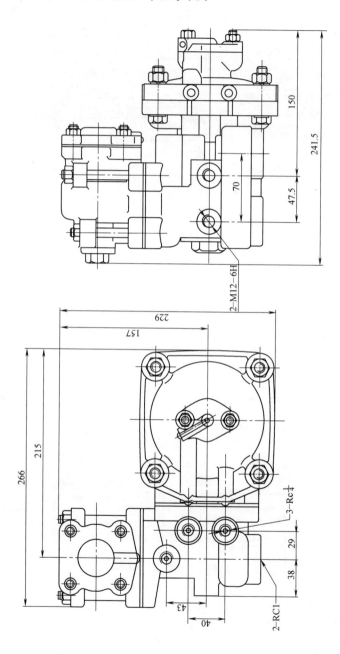

图 2.3-30 中继阀安装外形图

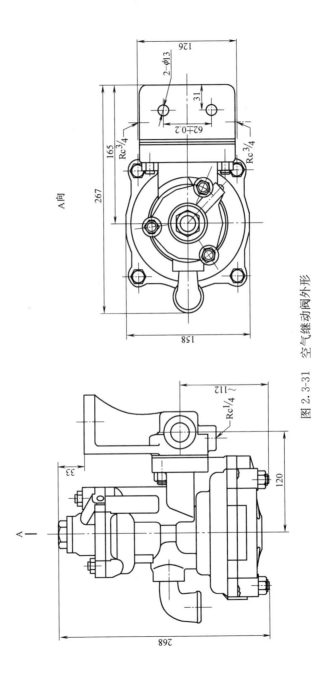

图 2.3-31 空气继动阀外形

2.4 DK-1型制动机的特点和组成

DK-1型电空制动机是我国铁路电力机车的主型制动机，也是我国地面铁路机车中首先采用电空制动的制动机，它是在1974年开始由我国自行研制的，1982年5月通过了技术鉴定。1984年从韶山1型405号电力机车起，所有新造电力机车均安装这种制动机。电空制动机在大型养路机械上应用较多，在我国一些厂家生产的重型轨道车和接触网作业车上也有所应用。

1. DK-1型制动机的主要特点

（1）其主体是机车电空制动机，其大闸是一个"电空制动控制器"。当车辆列为空气制动时，在正常情况下，由这个大闸通过其不同的触头组合、相应的控制导线和机车上的各个电空阀控制整个机车制动机，包括均衡风缸的压强，进而通过中继阀控制列车管的压强，操纵全列车的制动和缓解。如果车辆列也是电空制动机，则车辆列的制动作用也可以由这个大闸通过其外接联线来"电控"。

（2）它的小闸是一个"空气制动阀"。其常规功能（电空位）与机车空气制动机一般的"单独制动阀"相同，用于机车的单独制动和单独缓解。但是在电空制动发生故障而失灵时，通过电空转换手柄的转换（由电空位转为空气位），这个小闸还可以通过控制均衡风缸压强来操纵全列车的常用制动和缓解，即具有"大闸"的基本功能，作为应急之用。

（3）它的分配阀：109型空气分配阀是在104型空气分配阀的基础上按机车的需要加以改造设计而成的。其标准件与通用件占零件总数的88.5%，这在各型机车制动机中是少有的。

（4）它具有检查列车管折角塞门是否被关闭以及判断关闭处所距离机车远或近的功能。虽然只是定性的判别，但对保证行车安全还是很有意义的。

（5）紧急制动时能自动选择切除动力源，即能保证安全，又简化了操纵。

（6）具有动力制动和空气制动协调配全的初步的功能；动力制动前能给予微量空气制动，经过一定时间后再将该空气制动缓解，在高坡曲线区段运行时可缓和对轨道的冲击；动力制动不足时可追加车辆列的空气制动而机车不上闸，简化了操纵。

2. DK-1 型制动机的组成

DK-1 型电空制动机主要由控制、中继和执行 3 大部分组成，分别布置在司机室、Ⅱ端高压室和变压器室。控制部分有电空制动控制器、空气制动阀和调压阀；中继部分有各个电空阀、中继阀及压力开关等部件；执行部分有分配阀、紧急阀和电动放风阀等。

（1）电空制动控制器（大闸）控制器主要由控制手柄、"凸轮轴组装"、静触头组、定位机构等组成。"凸轮轴组装"包括一根垂直的转轴及装于其上的各层不同形状的凸轮（动触头）。由于控制器工作范围小于 180°，故一个凸轮可以与两个对应的静触头构成两对独立的触头组，这样凸轮层数可减少，结构可紧凑些。转轴的上部与控制手柄相连，下部受定位机构的控制，后者可以确保各个工作位置的准确（图 2.4-1）。

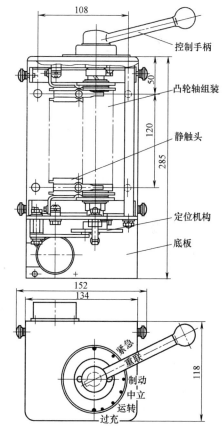

图 2.4-1　电空制动控制器

控制器设有6个工作位置，按逆时针排列顺序为：过充、运转、中立、(常用)制动、重联和紧急(制动)。控制手柄可以而且只能在重联位取出。(外接联线随车型和端别有所不同)(图2.4-2)。

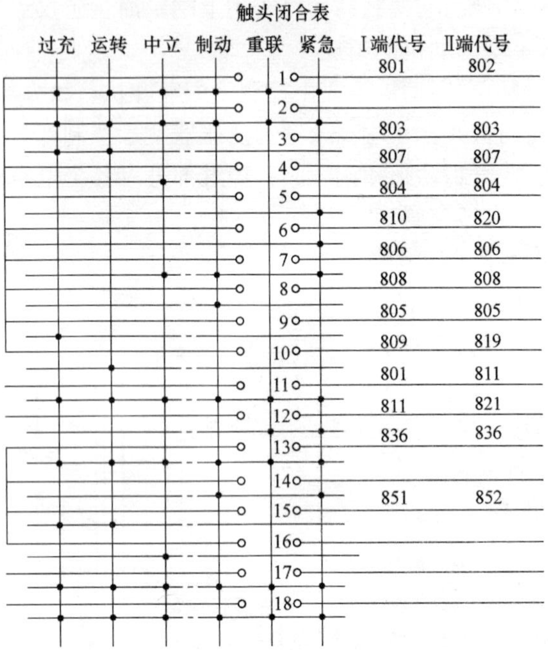

触头闭合表

过充	运转	中立	制动	重联	紧急	Ⅰ端代号	Ⅱ端代号
					1	801	802
					2		
					3	803	803
					4	807	807
					5	804	804
					6	810	820
					7	806	806
					8	808	808
					9	805	805
					10	809	819
					11	801	811
					12	811	821
					13	836	836
					14		
					15	851	852
					16		
					17		
					18		

图2.4-2 电空制动控制器触头闭合表

(2) 空气制动阀(小闸)

如图2.4-3操纵手柄1、转轴13、凸轮3、4等组成操纵机构，操纵手柄有四个作用位置，按逆时针排列顺序为：缓解、运转、中立和制动。操纵手柄只能在运转位取出。转轴为空心方轴结构，外面套装定位凸轮3和凸轮4，内装细长的顶杆14，上顶手柄，下与排气阀6相接触。

制动阀上装有连锁开关组2，装有上、下两个微动开关，分别受转换柱塞12和定位凸轮3控制，并通过接线端子与外电路相连。

转换柱塞12不随操纵手柄的转动而动作，但在扳动制动阀左侧的"转换手柄"时，转换柱塞可左右移动。它只有两个工作

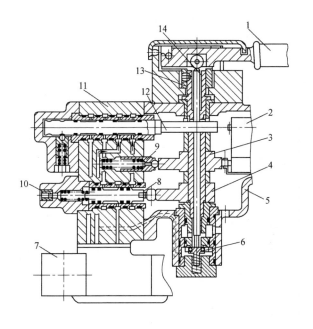

图 2.4-3 DK-1 的空气制动阀
1—操纵手柄；2—连锁开关组；3—定位凸轮；4—作用凸轮；
5—凸轮盒；6—排气阀；7—管座；8—作用柱塞；9—定位柱塞；
10—空气位排气堵；11—阀体；12—转换柱塞；13—转轴；14—顶杆

位置：电空位和空气位。转换柱塞位置变化时不仅气路改变，而且通过联锁开关使电路也改变。

作用柱塞 8 随操纵手柄和作用凸轮的转动而左右移动，使气路发生变化，形成三个作用位置：缓解、制动和中立。

排气阀 6 又称手压单缓排风阀。手柄下压时，该阀被顶杆 14 压开，使单独作用管通大气，可实现机车单独缓解作用。

（3）调压阀

调压阀是为满足制动机对给定压强的要求并保证稳定供给而设置的。全车共有 4 个这样的调压阀，规格为 $DN15$，型号为 QTY-15，是气动元件的通用件。由于调整弹簧 4 和 5 的作用，膜板 7 下凹，阀杆 10 向下压开进气阀 9，使左侧通入的压力空气可经过进气阀口由右侧流出。同时，经下阀体上的平衡小孔进入膜板下方的中央气室。当输出压强逐渐增高，膜板上下压差逐渐减小膜板渐趋平衡，进气阀口逐渐关小。当输出压强与给定压强相等时，进气阀口关闭。给定的压强值可通过手轮 1 来调整：顺时针可增高，反之为降低。输出压强因漏泄而下降时调压阀会自动给予补充；输出压强高于给定值时，膜板上凸，溢流阀 6 上移而阀杆不动，

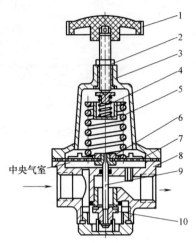

图 2.4-4　QTY 型调压阀

1—手轮；2—紧固螺母；3—上体；4—一级弹簧；5—二级弹簧；6—溢流阀；7—膜板；8—下体；9—进气阀；10—阀杆

多余的压力空气可由溢流阀口排出，恢复到给定值（图 2.4-4）。

（4）电空阀

电空阀是通过电磁力远距离控制气路的电器（图 2.4-5）。按作用原理有开式和闭式两种：电磁铁无电状态下，主气阀口关闭称为闭式，反之为开式；就结构而言，它都是由电磁机构和气阀两部分组成。顶上为电磁机构，气阀分成 A、B、C 三个气室，由上、下两个阀口互相连通，风源经进风口 1 与 A 室相连，B 室经出风口 2 与控制对象

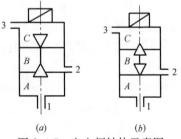

图 2.4-5　电空阀结构示意图

（a）闭式电空阀；（b）开式电空阀

A—下气室；B—中气室；C—上气室；

1—进风口；2—出风口；3—排气口

相连，C室多数与大气相通，作为控制对象排风的出口。排气口3通大气者称为二通电空阀，否则为三通电空阀，参看表2.4-1。

各电空阀连管及功能　　　　　　表 2.4-1

编号	名称	连管			功能
		进风	出风	排风	
250、251	撒砂	总风管	撒砂管	大气①	紧急位自动撒砂,改善粘着
252	过充	总风管	过充风缸	堵	过充位,使列车管有30~40kPa过充量
253	中立	总风管	遮断阀管	大气	保证在中立、制动等位时切断列车管风源
254	排风1	作用管	大气	大气	控制作用管排风,协调大小闸的相互作用
255	检查	总风管	均衡风缸	堵	与检查控钮配合使用,运行中判别列车管开通状态
256	排风2	过充风缸	大气	大气	在制动、重联等位时加快过充风缸的排风
257	制动	堵	初制动风缸	大气	控制均衡风缸排风
258	缓解	调压阀管	均衡风缸	初制动风缸	控制均衡风缸的正常充、排风
259	重联	列车管	均衡风缸	堵	在重联位,使中继阀失控

① 排风口通大气的电空阀均为TFK1B型，即通用的二通电空阀，其余的电空阀则为三通电空阀

（5）中继阀

DK-1型制动机的中继阀，除管座外，其余均与JZ-7型制动机通用，包括带过充活塞的双阀口式中继阀的总风遮断阀。

（6）压力开关

如图 2.4-6，橡胶膜板 5 将开关体 4 内的空腔分隔为上、下两个气室，分别与不同的外接风源相连，利用膜板压差使用膜板下凹或上凸，带动芯杆 3 上下移动，使微动开关 1 发生动作，实现相

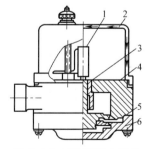

图 2.4-6　JY型压力开关
1—微动开关；2—外罩；3—芯杆；
4—开关体；5—橡胶膜板；6—下盖

应的电路控制。

压力开关与风压继电器同属气动电器，都是利用空气压强的变化来实现电控，但两者有明显的区别：压力开关利用上、下气室的压差而动作，给定值一经设定即无法调整；风压继电器利用弹簧与空气压力之差而动作，通过弹簧的调整可以改变给定值。

目前，DK-1型制动机用了两种压差的压力开关：小于等于20kPa和200kPa。

（7）分配阀

前已述及，DK-1型制动机的分配阀是109型空气分配阀（图2.4-7），它与客货车104、103阀是一个系列的产品，通用性、经济性、继承性很好。为适应机车的需要，在容积室上接有单独作用管，并装有安全阀（早期为限压阀），容积室容积由3.8L改为1.85L，安装座由吊式安装改为座式安装，取消了充气止回阀部和局减阀部（早期还保留了局减阀，并且在均衡部下方装有103的空重车调整部，作为无火调整部来用，现在也取消了）。

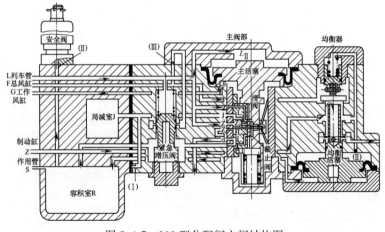

图2.4-7　109型分配阀主阀结构图

（8）紧急阀

除在放风阀导向杆下部增加传递杆、微动开关等之外，其余均与104阀的紧急阀相同。紧急制动时，放风阀导向杆带动传递杆下移，压缩了微动开关，实现电路转换，切断列车管风源或机车动力源（图2.4-8）。

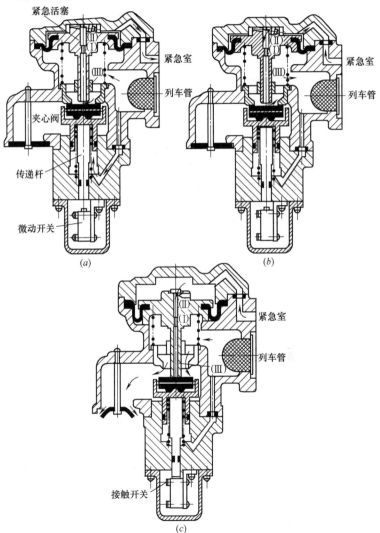

图2.4-8 DK-1型制动机的紧急阀（紧急制动时能自动切断动力源）
(a) 充气位；(b) 常用制动位；(c) 紧急制动位

(9) 电动放风阀

如图 2.4-9，电空阀 9 得电后，总风经电空阀下阀口通往橡胶膜板 7 下方气室 D，使膜板下移，带动顶杆 5，顶开夹心阀 4，开通列车管排大气的通路，产生列车紧急制动作用。电空阀上阀口排往大气，夹心阀在弹簧 2 的作用下关闭。

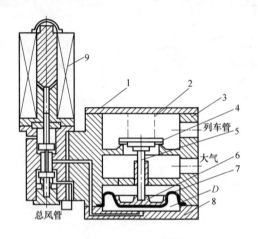

图 2.4-9 ZDF 型电动放风
1—上盖；2—弹簧；3—阀体；4—夹心阀；5—顶杆；
6—盘；7—橡胶模板；8—下盖；9—电空阀

必须强调指出，电动放风阀是受电的控制而发生动作，使用列车管产生快速排风，而前面讲的紧急阀是在列车管产生快速排风后，因紧急活塞压差而发生动作，使列车管现获得一个快速排风口（紧急局部减压）并带动电连锁，切断列车管风源或机车动力源。这两者的区别必须弄清楚。

3. DK-1 型的空气制动阀作用原理

DK-1 型制动机的空气气制动阀在各个位置的作用如下。

(1) 转换手柄及转换柱塞在电空位（图 2.4-10）

转换手柄及转换柱塞在电空位时，单独作用管可经转换柱塞右凹槽迂回到作用柱塞，均衡风缸管被转换柱塞左边两个○形圈封闭。此时，空气制动阀只作为小闸来使用，与均衡风缸无关。

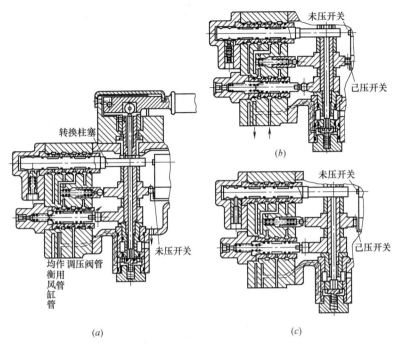

图 2.4-10 空气制动阀电空位作用原理图
(a) 缓解位；(b) 制动位；(c) 中立位

1）操纵手柄在缓解位作用柱塞被凸轮顶至右端，单独作用管迂回到作用柱塞时可经凸轮盒右下端通大气，实现机车的单独缓解。此时，定位凸轮有一个降程，即松开下连锁开关，接通了排风 1 电空阀 254YV 的电路，如电空控制器（大闸）在运转位，则该电空阀可得电，作用管也可以从该电空阀口通大气，使作用管排得更快。但是，电空控制器若在制动后的中立位，则排风 1 电空阀 254YV 的电源已切断，该连锁开关的接通就没有实际意义。

2）操纵手柄在制动位作用柱塞凸轮有一个降程，作用柱塞在其左端弹簧的反拨力作用下右移，使单独作用管排风通路关闭，而调压阀管的压力空气可以经过作用柱塞中部的凹槽和转换柱塞右凹槽通往单独作用管,实现机车的单独制动作用。此时,定位凸轮有一个升程,即压动下连锁开关,切断排1电空阀的电源,使之"失电",关闭单独作用管在该电空阀的排风口,确保机车的单独制动作用得以实现。

3)操纵手柄在中立位作用柱塞相对于制动位有一个较小的升程,即作用柱塞将左移到中间的位置,使单独作用管既不通调压阀也不通大气,同时,定位凸轮和下连锁开关状态与制动位相联系同,故单独作用管能保持即得的压强,不升也不降。

4)操纵手柄在运转位作用柱塞的位置与中立位相同,但定位凸轮和下连锁开关的状态与缓解相同,即小闸各气路不通,但排1电空阀电路接通,单独作用管可由该电空阀通大气,也可实现机车的单独缓解作用。

(2)转转手柄及转换柱塞在空气位(图2.4-11)

转换柱塞右移到空气位时,压动上连锁开关,切除电空制动控制器(大闸)的电源,同时,单独作用管通路被切断,均衡风缸可经转换柱塞迂回到作用柱塞。即空气制动阀可通过作用柱塞控制均衡风缸的充排气,代替电空制动器执行大闸的基本功能。

1)操纵手柄在缓解位作用柱塞的位置与电空—缓解位相同,但不是使单独作用管通大气,而是使调压阀管经过作用活塞中部凹槽和转换柱塞左凹槽与均衡风缸相通,使均衡风缸充气增压,实现列车充气缓解作用。

2)操纵手柄在制动位作用柱塞位置与电空—制动位相同,但不是使调压阀通作用管,而是切断调压阀与均衡风缸的通路,并且使均衡风缸由作用活塞左端排大气,产生列车减压制动的作用。

3)操纵手柄在中立位和运转位作用柱塞与电空—中立位相同,即各气路都不通。由于转换手柄空气位电连锁失支作用,故运转位与中立位功能完全相同,即作用柱塞实际上只有三个作用位置(这一点与转换手柄电空位时是不同的)。

由于空气制动阀转换手柄在空气位时是通过操纵均衡风缸压

强来控制全列车的,所以要单独缓解机车,必须另有安排,具体措施是:通过下压其手柄,打开右下部排风阀,使单独作用管通大气。

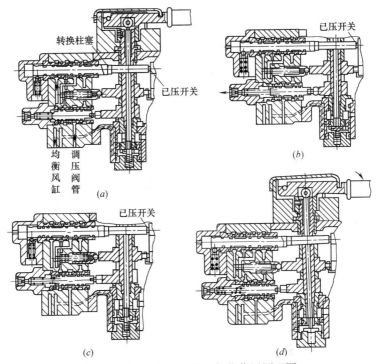

图2.4-11 空气制动阀空气位作用原理图
(a)缓解位;(b)制动位;(c)中立位和运转位;(d)单缓位

4. DK-1型制动机的综合作用

小闸(空气制动阀)在运转位,通过大闸(空气制动控制器)来操纵全列车制动或缓解时的综合作用;大闸在运转位或中立位,通过小闸来单独操纵机车的制动或缓解时的综合作用;检查折角塞门状态和列车发生分离事故时的综合作用。

(1)大闸操纵空气制动阀转换手柄在电空位、操纵手柄在运转位时,电空制动控制器各个位置的综合作用如下:

1)电空制动控制器在过充位

用于列车初充气、制动后再充气，保持机车制动力，使列车管迅速充气（充至比定压高30~40kPa），车辆列迅速得到缓解。在此位置上，各主要部件状态如下：

① 控制器：导线803得电，经中间继电器451和452的常闭连锁，使缓解电空阀258得电，调压阀55经缓解电空阀向均衡风缸57充气，并通往中继阀膜板活塞左侧；同时，导线805得电，使过充电空阀252得电，总风由过充电空阀口通往过充风缸和中继阀过充柱塞左侧。

② 中继阀：过充柱塞上的总风压力和膜板左侧的均衡风缸压力使膜板活塞迅速右移，打开供气阀口，总风经过它向列车管迅速充气到比定压高30~40kPa，车辆列迅速缓解。

③ 机车分配阀——列车管压力推动主活塞到充气缓解位，列车管压力空气充入工作风缸。由于导线809无电，排风电空阀无电，故容积室压力空气不能排大气，制动缸也不通大气，机车处于保压状态。

2）电空制动控制器在运转位

全列车在缓解状态。这是列车运行中不进行制动操纵时经常放置的位置。

① 控制器：导线803及缓解电空阀258得电，调压器通均衡风缸和中继阀膜板活塞左侧；导线809得电，经中间继电器451的常闭连锁使排风电空阀256得电，作用管通大气，机车缓解。导线805及过充电空阀252失电，总风与过充风缸的通路被切断，过充风缸压力空气从缩孔d1缓慢地排往大气。

② 中继阀：过充柱塞左侧的压强缓慢降低，膜板活塞稍稍左移，拉开排气阀，使列车管过充的压力空气缓慢地排往大气，既可消除过充压强，又不致引起再制动。膜板两侧压差消除之后，供气阀及排气阀都处于关闭状态，列车管处于定压下的保压状态。

③ 机车分配阀——主阀部在充气缓解位，工作风缸过充的压力空气缓慢地逆流回列车管，直至恢复定压；由于容积室及作用管可经排风电空阀口排大气，均衡部也处于缓解位，机车制动

缸通大气，机车得到缓解。

3）电空制动控制器在（常用）制动位

用于正常停车或调速。

① 控制器：缓解电空阀258失电，使均衡风缸的压力空气经该电空阀的上阀口至制动电空阀257的上阀口排大气和充入初制动风缸58。均衡风缸减压量的大小取决于控制器手柄在制动位停留时间的长短（由于初制动风缸的设置，缓解电空阀即使是一瞬间失电，均衡风缸也可获得30～40kPa快速减压量）。同时，导线806得电，使中立电空阀253得电，中继阀上部的总风遮断阀被关闭；导线808得电，为压力开关208的下接点808与800接通作准备。在达到最大减压量后，压力开关208杆下落，使微动开关接通，制动电空阀257得电，关闭它的阀口，均衡风缸停止减压。

② 中继阀：膜板左侧压力降低，使膜板左侧压力降低，使膜板活塞左移，拉开排气阀，列车管通大气，车辆制动。

③ 机车分配阀：主活塞到制动位，工作风缸向容积室充气，均衡部到制动位，总风缸通机车制动缸，机车制动。

4）电空制动控制器在中立位

用于制动前准备及制动后保压。

① 控制器：导线806得电，通过补风转换开关463使中立电空阀253得电，关闭总风遮断阀；同时，导线807得电，使制动电空阀257得电，关闭其阀口（均衡风缸排大气的出口）。如制动前移至此位，因缓解电空阀通过压力开关209的微动开关807与803继续得电，均衡风缸可保持运转位状态而不减压，只作为制动前的准备。

② 中继阀：均衡风缸停止减压后，列车管压强减至与均衡风缸相等时，排气阀也关闭，处于保压状态。

③ 机车分配阀：各部分的通路均被切断，从容积室和制动缸的压强都不变。如机车制动缸有漏泄，均衡部会自动给予补偿。

5）电空制动控制器在紧急（制动）位

用于紧急情况下使列车在最短距离内停车。

① 控制器：导线 806 得电，使中立电空阀 253 得电，总风遮断阀被关闭，切断了列车管的风源。导线 804 得电，使 ZDF 型电动放风阀得电，其阀口开启，列车管急剧排风减压，车辆发生紧急制动。导线 801 得电，使撒砂电空阀 251 得电，进行撒砂以改善机车粘着。导线 811 得电，使重联电空阀 259 得电，沟通列车管与均衡风缸。

② 中继阀：处于"自锁"状态。

③ 机车分配阀：主阀与制动位基本相同，只是由于紧急增压阀的作用，使容积室压强可增到 450kPa，机车制动缸也得到相应的增压。

6）电空制动控制器在重联位

① 控制器：导线 811 得电，通过 2 端电空控制器连通导线 821，使重联电空阀 259 得电，沟通列车管与均衡风缸。导致 821 通过二极管 264 使制动电空阀 257 得电，切断均衡风缸的排气口。这样，重联机车就可以受本务机车制动机的操纵而不会起干扰作用。

② 中继阀："自锁"。

③ 机车分配阀：接受本务机车通过列车管进行的操纵，与车辆三通阀或分配阀相同。

（2）小闸操纵空气制动阀转换手柄仍在电空位，此时，操纵手柄各个位置的综合作用如下：

1）电空制动控制器在运转位、空气制动阀操纵手柄在制动位用于机车单独制动。

① 空气制动阀：作用柱塞凸轮使微动开关动作，导线 809~819 通路断开，排风电空阀 256 失电，关闭作用管的排气口；同时，作用柱塞右移到极端位置，使调压阀 53 的压力空气（30kPa）通往作用管。

② 机车分配阀：调压阀的压力空气经作用管进入容积室，使均衡部的均衡活塞（第二活塞）上移，总风经被顶开的均衡阀

口进入机车制动缸,机车单独发生制动作用。

2) 电空制动控制器在运转位、空气制动阀操纵手柄在中立位(保压位)用于机车单独制动前的准备和单独制动后的保压。

① 空气制动阀:作用柱塞由制动位左移到中间位,使作用管在作用柱塞处既不通调压阀也不通大气;排风电空阀仍失电,作用管也不能由该电空阀口通大气。

② 机车分配阀:均衡部的均衡活塞(第二活塞)下移至中立位,机车制动缸的空气压强保持不变。

3) 电空制动控制器在中立位、空气制动阀操纵手柄在缓解位用于机车单独制动后的单独缓解。

① 空气制动阀:电路与运转位相同,排风电空阀得电,作用管通大气;同时,凸轮使作用柱塞左移到缓解位,打开了作用管通大气的另一条气路(经转换柱塞凹槽),故缓解比运转位稍快。

② 机车分配阀:容积室通过作用管排大气而迅速减压,均衡活塞下移,机车制动缸排风减压而迅速缓解。

如果不是机车单独制动后的缓解,而是列车制动后的机车单独缓解,则电空制动控制器控制手柄应当在中立位,空气制动阀转换手柄应当在电空位,空气制动阀操纵手柄由运转位移到缓解位。此时,排风电空阀失电,作用管不能从该电空阀口排大气,但作用柱塞左移可使作用管通大气,机车也能实现单独缓解。

在电空系统发生故障时,司机可将空气制动阀转换手柄转至空气位,转换柱塞就会使相应的电路 N314～801 断开,N314～800 闭合,再将调压阀 203 的压强由 300kPa 提高到 500kPa,电空制动控制器手柄置于运转位,即可用空气制动阀操纵全列车,施行(常用)制动、制动后的保压和缓解等功能,如前所述。

(3) 折角塞门状态的检查及列车发生分离事故时的综合作用

为确保行车安全,防止折角塞门被关闭而引起恶性事故,DK-1型制动机加装了相应的检查装置,包括检查电空阀 255 和四个检查按钮(461、462、467、468)。按压充气按钮(461 或 462)

时，检查电空阀得电，总风可直通均衡风缸，列车管将过充。根据检查的需要，在达到一定的过充量后可松开充气按钮（总风不通均衡风缸），并迅速按压消除按钮（467或468），使重联电空阀得电，列车管与均衡风缸连通。此时，如折角塞都在开通状态，机车上列车管已经过充的压力空气将迅速向列车后部流动，机车上列车管过充的压强将迅速消除。如果机车上的列车管过充压强下降缓慢，而且不能恢复到定压，则有可能是折角塞门被关闭。根据机车上列车管过充压强消除的快慢，大致可判断出折角塞关闭处离机车的远近。

当列车发生断钩分离事故或车长阀被拉开时，机车上的紧急阀动作，通过顶杆使微动开关469动作，导线838与839接通，中间继电器451得电并自锁，使排风和缓解两个电空阀失电，中立、重联两个电空阀及电动放风阀得电，从而迅速切断列车管风源，并进一步加速列车管的排风。这样，可避免列车前部因中继阀供风能力很强（电空制动控制器在运转位也不行）而发生缓解的事故。

2.5 轨道车冷却装置综述

1. 轨道车冷却系统的作用

轨道车运行时，机车的冷却水、润滑油、液力传动装置的传动油等的温度均会不断地升高，若不加以冷却，将要影响到柴油机及传动装置的功率发挥，工作效率下降，润滑油老化变质，破坏润滑，影响轨道车零部件的使用寿命，甚至损坏。因此，在轨道车上采取必要的冷却措施，设置一些装置来保证柴油机、传动装置工作时所产生的热量能及时适度地排放到大气中去，使其温度维持在允许的范围内，以改善零部件的热强度和润滑状况，提高轨道车工作的经济性和可靠性，延长其使用寿命，这就是轨道车冷却系统的主要任务。

2. 冷却系统的分类

内燃机车冷却装置的作用就是要将柴油机、牵引电机及电器（电传动内燃机车）、液力传动油（液力传动内燃机车）工作时散发的热量排放到大气中去。

在液力传动的内燃机车上，通过油水热交换器用冷却水使液力传动油冷却，也有用油散热器靠冷空气使之冷却的。

根据传热介质来区分，内燃机车大体有以下几种冷却方式：热固体表面与冷空气间的对流换热；热空气与冷空气、热水与冷空气，以及冷热空气间的传热；热油（润滑油、液力传动油、液力制动油等）与冷空气或冷却水间的热交换，汽化冷却等。

根据冷却方式的不同，轨道车上的冷却系统大体上可分为通风冷却系、柴油机水冷却系统、增压空气冷却系统和各类油的冷却系统。油冷却系统包括润滑油冷却系统、活塞冷却油冷系统、液力传动油冷却系统、液力制动油冷却系统、静液压传动油冷却系统和中间齿轮箱油冷却系统。除通风冷却系统外，其余各系统均与水系统有联系。因此，亦可将其余各统归于水冷却系统之内。

冷却系统是轨道车的一个重要组成部分，它对保证轨道车的正常可靠工作具有重要作用。不仅如此，随着大功率轨道车的发展，冷却系统还对提高轨道车运行的经济性具有重要意义。近年来，国内外对轨道车冷却技术的研究有了很大发展，并取得显著成效，现如今使用比较普遍的有双流道散热器冷却技术、散热器干式冷却系统以及高温冷却等。

3. 散热器冷却技术

（1）单流道散热器

目前的轨道车冷却系统普遍采用单流道散热器，根据散热器的要求，由不同数量的散热器构成两个彼此独立的冷却系统即高温系统和低温系统，两个系统有各自的冷却风扇及其调节系统见图 2.5-1。单流道散热器高低温冷却水系统完全独立，散热器布置在两侧的同一平面内，空气同时流进高低温散热器的入口，因而进口温度相同。散热器出口空气温度因高低温水温、散热量以及流经散热器的空气量不同而有所不同。

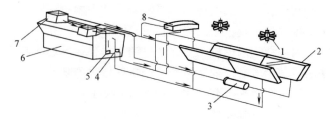

图 2.5-1　单流道冷却系统示意图

1—冷却风扇；2—散热器；3—机油热交换器；4—高温水泵；
5—低温水泵；6—柴油机；7—中冷器；8—膨胀水箱

（2）双流道散热器

双流道散热器冷却技术，则是两个系统的冷却水进入同一个散热器的两个相对独立的冷却水腔内进行散热，两个系统具有相同数量的散热器，低温水腔在前，高温水腔在后，从而提高了散热器的散热能力，冷却装置更加紧凑，如图 2.5-2 所示。双流道散热器的每一个散热单节内有两个独立的水腔，迎风侧为低温水腔，背风侧为高温水腔，空气先流经低温散热器，再流经高温散热器。

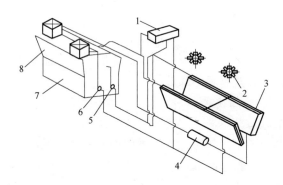

图 2.5-2　双流道冷却系统示意图

1—膨胀水箱；2—冷却风扇；3—散热器；4—机油热交换器；
5—高温水泵；6—低温水泵；7—柴油机；8—中冷器

工程车散热器采用水-空气热交换的方式。为了增加柴油机汽缸内的空气充量，必须使增压空气的冷却水温大大低于汽缸等受热机件的冷却水温。由于柴油机对这两者的工作要求不同，所以设置了两套冷却水系统。冷却汽缸套等部件的冷却水系统，其工作水温通常为 65～88℃，称为高温冷却水系统；而将冷却增压空气的水系统称为低温冷却水系统或中冷冷却水系统。机车上也相应的设置了两套散热装置。柴油机高温水出口平均带有燃烧总热量的 10% 左右的热量，中冷水和机油平均带有燃烧总热量的 6% 及 7% 左右的热量。为便于生产和布置，一般使高、低温水系统的散热量基本平衡，为此将中冷器及机油热交换器等的冷却水串连在一起。

高温水系统循环通路：高温水泵—左右进水总管—前、后增压器/各进水支管、汽缸、汽缸盖—出水总管—高温散热器组—逆止阀—高温水泵。

低温水系统循环通路：低温水泵—前、中冷器—机油热交换器—低温散热器组—静液压油热交换器—逆止阀—低温水泵。

（3）高温冷却技术

高温冷却是通过提高柴油机冷却介质（冷却水或机油）温度来增加冷却介质与外界空气之间的温差，使之提高机车冷却装置的散热能力，同时，由于冷却介质与汽缸的温差缩小，减少了柴油机的热损失，提高了柴油机的经济性。目前，我国内燃机车冷却系统冷却水和机油的最高温度一般为 88℃，而高温冷却系统的冷却水温可提高到 100～120℃，机油温度也可提高到 100℃。为了避免由于冷却水温的提高而引起冷却水沸腾，保持柴油机的正常工作，高温冷却的冷却系统必须是一个具有一定压力的封闭系统，故高温冷却亦称加压冷却。

（4）干式冷却技术

所谓"干式冷却"就是在机车柴油机停机和冷却水温度比较低时，冷却水不进入散热器而全部流回到特设的水箱里，或贮存在柴油机的水腔和低位置冷却系统的管路中，散热器呈"干式"。当冷却水温度上升到设定的温度时冷却水就进入散热器。

干式散热器的冷却系统仍分高、低温两个独立的冷却水循环系统。这种冷却系统，一般采用闭式循环，以适当提高冷却水温度，进而提高系统散热能力。但更多的好处在于维护保养方面。冬季在停机状态时，因为散热器内没有冷却水，一则不易冻坏，二则冷却水集中，能较快地将油、水加热到规定的起机温度，节省升温时间。此外，在干式冷却系统中，散热器必须位于系统的最高处，冷却风扇置于其下，散热器的通风采用压风式，冷却风扇及其驱动电机是在与外界温度相同的环境下工作，因而工作条件较好。

4. 工程车冷却系统的组成

冷却水系统由冷却水泵、中冷器、机油热交换器、散热器、冷却风扇、静液压油热交换器、膨胀水箱、阀门管路及仪表等组成。

高温水循环系统：柴油机工作时驱动高温水泵将冷却水压入柴油机汽缸套和汽缸盖。冷却后出来的热水汇合进入散热器，被冷空气冷却后经止回阀又回到水泵。

低温水循环系统：柴油机工作时水泵转动，将冷却水中冷器，机油热交换器出来的热水在散热器被冷空气冷却后，进入静液压油热交换器，最后经逆止阀又进入水泵。

膨胀水箱安装在水冷却系统的最高处，它的作用是给冷却水系统自动补水（水的泄漏、蒸发），清除系统中产生的气泡和使冷却水受热后有膨胀的余地等。

管片式散热器由连接箱、扁铜管、管板、支撑管、侧护板等组成。扁铜管和散热片组成散热器的冷却芯。散热片上冲有许多小凸球或其他的结构形状，以增强空气湍流特性，提高传热系数。冷却芯两端焊接在补强板和管板的扁孔内，两端的连接箱和管板焊接，连接箱与管板之间构成的空间，为冷却水进、出流动的水腔。散热器通常呈V形布置，安装在机车冷却室钢骨架的集流管上。内燃机车上使用的散热器有管片式、强化型管片式、管带式、板翅式（铝）和新型管带式双流道散热器等。低温水循环系统散热器采用单节形式，有利于低温水循环系统配件的标准化，给制造检修部门带来方便。检修时如发现损坏，可更换有关单节。不同功率的机车可采用不同数量或者不同结构而安装尺寸相同的单节，这对制造检修部门非常有利。内燃机车上所用散热器单节数目的多少，要根据机车功率的大小、应散走的热量多少计算确定。

冷却风扇为扭曲叶片的轴流式风扇。由轮毂、叶片、流线罩组成，有钢板焊接结构和整体铸造结构两种。单流道冷却系统的高温、低温水冷系统，各有一个冷却风扇，双流道系统的高、低温水冷系统只有一个冷却风扇。风扇组装后需对风扇半径、中片顶部之间的距离、顶部的高度及安装角进行检查，并进行静平衡和超速试验。

冷却风扇安装在冷却室钢结构的顶部，与两侧的散热器构成V字形空间。当冷却风扇转动时，将冷空气从散热器机外侧吸进，并穿过散热片与散热器的热水进行热交换，然后向车顶排出。

2.6 工程车电气系统组成及功能

2.6.1 电气系统组成

电气系统包括充电发电机、启动机、蓄电池、电子控制单元（ECU）、水温传感器、机油压力传感器、进气温度压力传感器、转速传感器及继电器等。

1. 充电发电机

工程车的柴油机的充电发电机额定电压为28V，带有晶体管调节器。发电机在车上与蓄电池并联工作，工作时发电机自激磁。

充发电机在安装、接线时要注意：

(1) 必须充分冷却；
(2) 必须防尘、防溅、防油；
(3) 检查充发电机皮带的张紧度；
(4) 只能与电压调节器和蓄电池连接运行

2. 启动机

发动机的启动机为电磁控制、齿轮传动、以摩擦片式单向器传递扭矩的直流启动机。

3. 电子控制单元

电控发动机采用电子控制单元（简称 ECM），主要由控制模块及连接线束组成，采用 CAN 和 K 总线方式实现发动机与整车电控单元的自由通信，可实现整车故障诊断和报警处理，具有稳定的系统处理能力和多层次的系统保护和纠错措施，提高了发动机的可靠性和安全性。

发动机 ECM 安装在发动机上，主要连接线束由喷油器线束、传感器线束和整车线束组成，其中喷油器线束和传感器线束及在发动机出厂时已安装完毕，工程车生产厂家只连接整车线束。

4. 蓄电池

蓄电池的主要用途是启动时供给启动机强大电流；另外，在柴油机转速降低停机或充电发电机电压较低时，它向各用电设备供电，而在发电机电压高于蓄电池电压时，它又能将发电机的一部分电能转变为化学能储存起来，即充电。当发电机超载时，它又能协助充电发电机供电。使用过程中，应按有关规定对蓄电池进行充电和维护。

5. 各种传感器

传感器的主要用途是指示柴油机运行情况，并为电子控制单元（简称 ECU）运算提供数据。

主要有：机油温度传感器、机油压力传感器、燃油压力传感器、发动机转速传感器、增压空气压力传感器等组成。

6. 继电器

继电器是一种电子控制器件，它具有控制系统（又称输入回路）和被控制系统（又称输出回路），通常应用于自动控制电路中，它实际上是用较小的电流去控制较大电流的一种"自动开关"。故在电路中起着自动调节、安全保护、转换电路等作用。

7. 断路器

正常情况下接通和断开高压电路中的空载及负荷电流。在系统发生故障时能与保护装置和自动装置相配合，迅速切断故障电流，防止事故扩大，从而保证系统安全运行。

2.6.2　电气系统使用及维护

1. 启动电机的保养

（1）启动电机使用前，应对柴油机、启动系统电路和蓄电池的充电状况进行检查。

（2）在正常情况下，柴油机一次就能启动，每次启动电机的运转时间不应超过 12s；如一次不能启动，需作第二次启动时，两次启动的时间间隔不小于 5min，以使蓄电池内部完成必要的化学反应。绝不允许在柴油机及启动电机尚未停止转动时，再启动，否则将引起齿轮与齿圈之间剧烈的撞击而损坏机组。当启动成功后，应立即放开点火钥匙，使启动齿轮从啮合位置退回原位。

（3）当柴油机连续几次不能启动时，应排除故障后再进行启动。

（4）应经常检查启动电机紧固件的连接是否牢固，导线接触是否紧密，导线绝缘有无损坏。

（5）定期检查启动机齿轮磨损情况及传动装置是否灵活。

2. 充电发电机的保养

柴油机自带 DC28V，150A 充电发电机。它的壳内装有集成电路调节器，发电机输出的直流电是通过此调节器来控制的，负极通过外壳自行搭铁，故发电机重量轻、体积小、结构简单、维护方便、使用寿命长，低速时充电性能好。

（1）充电发电机必须与蓄电池配合使用。

（2）接线必须正确可靠，正负极切不可接错，否则将损坏硅整流发电机和调节器。

(3) 充电发电机由皮带传动,使用中应定期检查皮带的张紧力,以保证正常充电。

(4) 检查发电机在正常运行时的温升是否正常(发电机的绕组允许温度升105℃)。

(5) 发电机运行时,不允许用旋具等金属物品将正极等接线柱与机壳或负极短接以观察有否火花来判断发电机是否发电,这样容易将元件烧坏。

(6) 经常用压缩空气或"皮老虎"吹尽各部的灰尘。

2.7 机械、液力、电传动基础知识及工作原理

2.7.1 机械传动工程车

机械传动工程车以柴油机为动力,通过离合器、变速箱、换向箱、传动轴、车轴齿轮箱等部件完成动力传递。机械传动方制造成本低、维修难度小、操作便利,广泛应用于功率270kW(360马力)以下的工程车。但这种传动方式的缺点是部件多,故障多,维修工作量大,不能满足大功率工程车的需要。

1. 机械传动工程车的主要部件机械传动工程车传动系统主要由离合器、变速箱、换向箱、传动轴、车轴齿轮箱等组成。见图 2.7-1 所示

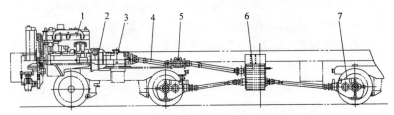

图 2.7-1 机械传动工程车传动系统
1—发动机;2—离合器;3—变速箱;4—传动轴;
5—固定轴;6—换向箱;7—车轴齿轮箱

2. 离合器

(1) 离合器作用

切断或结合发动机输出的动力。将发动机的动力柔和的传递出去，起步停车或换挡时能使发动机与变速箱平稳的结合和暂时分离。

(2) 离合器结构

图 2.7-2 为 Lipe15/380-2LP 型离合器。该离合器是双片干式常接合摩擦离合器。压紧力产生方式为机械周置弹簧压合式。分离形式为拉型。摩擦衬片的材料为陶瓷合金。离合器本身为不可调结构，但装有一个可调分离套筒把分离杠杆与分离轴承连接起来，通过对此套筒的调整，可补偿摩擦衬片的磨损，保持踏板的自由行程不变。

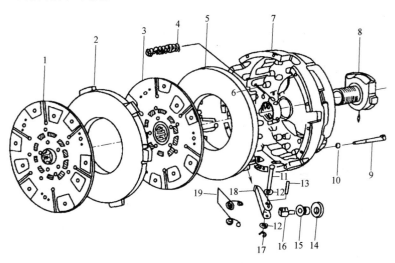

图 2.7-2 离合器结构示意图

1—前摩擦片；2—中压板；3—后摩擦片；4—压紧弹簧；5—后压板；6—开口销；
7—离合器盖；8—分离轴承总成；9—紧固螺栓；10—弹簧垫圈；
11—分离杠杆圆柱销；12—垫圈；13—小圆柱销；14—锁紧螺母；
15—调整螺母；16—调整螺杆；17—卡环；18—分离杠杆；19—弹簧

(3) 离合器的保养

离合器的保养主要包括分离轴承和分离叉轴的润滑、主要部位间隙的调整。

1) 分离轴承和分离叉轴的润滑可根据实际应用情况，适当补充锂基脂。

2) 离合器操纵机构的调整：分离拨叉和分离轴承的移动耳之间应保证 2~3mm 间隙，此间隙反映到离合器踏板上的自由行程是 40~60mm。使用过程中，由于后压板、中压板及从动盘摩擦片的磨损，会使离合器踏板的自由行程减少，应及时调整，使分离轴承移动耳之间的间隙恢复到 3mm（即踏板的自由行程恢复到 40~60mm）。如不及时调整就容易造成离合器打滑，这不仅降低了它所能传递的扭矩，同时还会加速从动盘摩擦片的磨损。

3. 变速箱是工程车传动系统中一个重要组成，工程车复杂的使用条件要求工程车的车速能在一定范围内变化，其基本功用是：改变发动机传到汽车驱动轮上的扭矩和转速；在发动机旋转方向不变的情况下，实现汽车倒向行驶；在离合器结合状态下，切断发动机与传动系统的动力联系。

(1) 变速箱结构

图 2.7-3 所示变速箱由一个具有 5 个前进挡、一个倒挡的主变速箱和一个具有高、低两挡的副变速箱组合而成的一个具有 9 个前进挡（1~8 挡和一个爬行挡）和一个倒挡的整体式变速箱（5 个前进挡和 1 个倒挡的主变速箱与 1 个高、低两挡的副变速箱组合出现 10 个前进挡和两个倒挡，然而由于高速爬行挡和高速倒挡没有意义，因此从操纵机构上把这两个挡位摘除，从而形成 9 个前进挡和 1 个倒挡）。其主箱和副箱都采用双副轴结构，它们共用一个变速箱壳体，壳体内有一中间隔板将前箱和后箱划分为主箱和副箱。主箱两个副轴支承在变速箱前壳和中间隔板之间，主箱二轴前端插在 1 轴轴孔内，后端支承在中间隔板上。变速箱输出端有一个整体式端盖与变速器壳相连接，在变速箱壳体后端面上有两个定位销钉，以确保后端盖与壳体同轴度，副箱两根副轴即支承在中间隔板与后端盖之间，副箱输出轴用两盘锥轴承悬臂支承在端盖上。

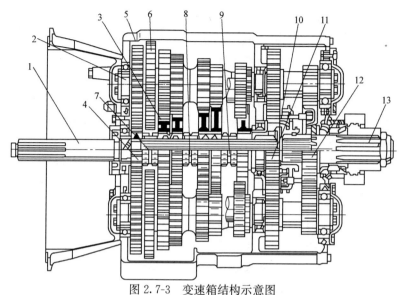

图 2.7-3 变速箱结构示意图

1—输入轴;2—中间轴;3—主轴;4—输入轴驱动齿轮;5—中间轴传动齿轮;
6—中间轴轴动齿轮;7—三、四挡(七、八挡)滑动接合套;
8—一、二挡(五、六挡)滑动接合套;9—倒挡、爬行挡滑动接合套;
10—副箱输入轴驱动齿轮;11—高低挡同步器;12—低挡齿轮;13—输出轴

(2)变速箱动力传递

变速箱动力传递较为独特,且输入扭矩较大,动力从输入轴输入,分流于两根中间副轴,再汇聚于主轴输出,主箱的主轴就是副箱的输入轴,此时副箱在重复主箱的动力传递过程,最终将动力自副箱输出轴传出,此种传动方式由于每根中间轴只传递1/2的扭矩,改善了齿轮的受力,使齿宽减薄了40%,缩短了变速箱的轴向长度,也给传动系统传递动力提供了方便。

(3)变速箱工作原理

为了使主轴齿轮能与两个中间轴齿轮正确啮合,均匀分配负荷、主轴齿轮在主轴上径向浮动,取消了齿轮内孔与主轴的滚针轴承,使结构大为简化,使用故障也可降低。

主轴采用了铰接式浮动结构,主轴轴径插入输入轴孔内,轴径与输入齿轮内孔间 1.12mm 间隙,可使接合套与齿轮套合时产生平面相对运动，顺利套合。主轴后端通过渐开线花间键插入副变速箱的驱动齿轮孔内，副变速器的驱动齿轮支承在球轴承上。工作时，两根中间轴齿轮对主轴齿轮施加的径向力大小相等，方向相反，相互抵消，使主轴浮动后仅承担扭矩传递，不承受弯曲负荷，因而轴可以做得较细，轴承和壳体受力亦得到改善。由于双中间轴传动较为平衡，且所有齿轮受力较小，因此采用直齿传动，结构简单。

主箱通常采用滑动接合套换挡，主轴上的接合套通过渐开线花键套在主轴上，移动接合套使接合套的接合齿与主轴齿轮的内接合齿啮合传递动力，接合套齿和主轴齿轮内接合齿端处有大小锥角 $\alpha = 32°$ 由于主轴齿轮和主轴处于浮动状态换挡过程中，两锥角之间的摩擦能起到一定的同步作用。

副变速器采用惯性锁销式同步器，用气操纵换挡，高挡同步环和低挡锥环上各铆有3根销止销，滑动齿套通过花键与副变速器输出轴结合。高挡同步环和低挡锥环基体为铁基粉末冶金锻造烧结而成，在高挡同步环内锥面和低挡锥环的外锥面上分别粘有高摩擦性能的非金属材料。在副变速器驱动齿轮和副变速器减速齿轮上分别有与之对应的外锥面和内锥面。

4. 换向分动箱

换向分动箱具有改变车辆的行驶方向，传递动力到前后两个车轴齿轮箱的功能。换向分动箱的结构见图 2.7-4 所示。换向分动箱为四轴、整体箱式结构，一轴上设有一个滑动齿轮，可利用换向滑杆带动拨叉拨动该齿轮使之与齿轮 Z' 或齿轮 Z'' 相啮合，以获得车辆的正向或反向运动。

正向传动路线：将滑动齿轮 Z_1 拨到与齿轮 Z_1' 啮合，通过 Z_1' 与 Z_3 的常啮合带动齿轮 Z_3，通过 Z_3 与 Z_4 的常啮合带动齿轮 Z_4，齿轮 Z_4 带动差速器转动，通过差速器的作用，输出轴的前半轴和后半轴同步或异步传动输出。

反向传动路线：将滑动齿轮 Z_1 拨到与齿轮 Z_1'' 啮合，通过 Z_1'' 与 Z_2 的常啮合带动齿轮 Z_2，通过 Z_2 与 Z_3' 的常啮合带动齿

轮 Z_3'，齿轮 Z_3' 通过花键轴带动齿轮 Z_3，通过 Z_3 与 Z_4 的常啮合带动齿轮 Z_4，齿轮 Z_4 带动差速器转动，通过差速器的作用，输出轴的前半轴和后半轴同步或异步传动输出。

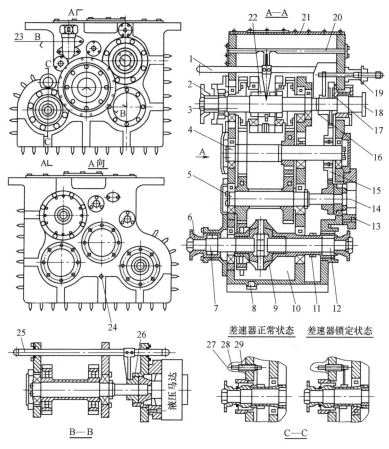

图 2.7-4　换向分动箱

1—换向滑杆；2—输入法兰；3—一轴；4—二轴；5—三轴；6—输出法兰；
7—前半轴；8—放油塞；9—差速器；10—箱体；11—游动齿轮；12—后半轴；
13—马达安装座；14—马达驱动轴；15—甩油齿轮；16—滑动齿轮；
17—过渡齿轮；18—花键轴；19—取力离合操纵装置；20—定位杆；
21—箱盖；22—滑动齿轮；23—透气孔；24—油位螺栓；25—马达离合操纵装置；
26—滑动齿轮；27—拨叉杆罩；28—拨叉杆；29—拨叉杆销

带低速走行功能或采用换向分动箱取力的换向分动箱安装有取力装置（包含一个滑动齿轮、花键轴和一套取力离合操纵装置），同时二轴增设一个甩油齿轮，与安装在取力装置花键轴上的过渡齿轮常啮合，可保证使用取力装置时轴承的润滑。需要使用取力装置时，操纵相应的取力控制开关控制相应电控阀，通过取力离合操纵装置带动滑动齿轮移动并可使其与一轴后端的花键齿啮合，把动力传给花键轴，从而实现动力输出。

带低速走行功能的换向分动箱的三轴后端安装有一个滑动接合套、马达驱动轴和马达离合操纵装置。操纵马达离合操纵装置，使滑动接合套同马达驱动轴的内齿啮合，当一轴上的油泵驱动轴带动油泵工作时，这时处于液压低速走行工况。

在换向分动箱的四轴上装有一套差速机构，不论前后驱动车轴因何原因产生的转速不一致，该差速器均能发挥差速作用，防止或减轻驱动车轮与钢轨的相对滑动，降低轮缘踏面磨耗。

在换向分动箱的四轴的后半轴处设置了一套差速器锁定装置。差速器锁定装置由拨叉杆罩、拨叉杆、拨叉杆销、拨叉及游动齿轮等组成。

如果在运用过程中，换向分动箱的某一输出端之后的传动部分发生故障或失效时，均可将差速器锁定，使换向分动箱的四轴由两根半轴变成刚性联接在一起，即变前、后半轴输出为单轴输出。

换向分动箱箱体上设有一个油位螺栓，用来检查润滑油油量。箱体上设有透气孔，可使箱体内与大气相通。

换向分动箱通过支座固定在底架中梁上，支承面有橡胶减振板，在使用时应经常检查固定螺栓是否紧固。

5. 车轴齿轮箱

（1）车轴齿轮箱的结构

车轴齿轮箱是整个传动系统中的最后部分。它的作用是传递和增大到车轮的扭矩，并将绕车体纵轴的转动变成绕车轴轴线的

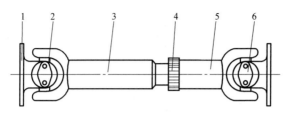

图 2.7-5 传动轴
1—突缘叉；2—十字节总成；3—花键轴总成；
4—油封盖；5—套管叉；6—锁片

转动。车轴齿轮箱由上箱体、下箱体、前箱体、锥齿轮和圆柱齿轮等构成，见图 2.7-6 所示。

从图中可以看出，车轴齿轮箱为二级减速，第一级为圆锥齿轮传动，第二级为圆柱齿轮传动。上箱体上设有观察孔，可用以检查锥齿轮啮合情况。上箱体上设有透气孔，可使箱体内与大气相通和兼作加油口使用。下箱体的油底壳上设有一个放油孔，平时用油堵封闭。下箱体后部侧面设有两个螺孔，用来检查润滑油油量。

齿轮油泵能够完成正反向的泵油，满足车辆前进、后退两种工况。换向阀中有四个球阀，球阀的交互开启、关闭完成换向功能。

车轴齿轮箱前端设有悬挂装置，通过吊杆及悬挂支座与车架连接，悬挂支座上装有减振装置，以适应可能出现的相对运行及吸收运行中的冲击负荷。使用过程中，应经常检查车轴齿轮箱的悬挂高度，必要时进行调整。

（2）车轴齿轮箱的保养及维修车轴齿轮箱采用油泵供油润滑和齿轮飞溅润滑相结合的方式，前箱体和滚动轴承主要依靠油泵供油润滑。车轴齿轮箱内装有润滑油，使用过程中应经常检查油量是否满足要求，油中杂质含量是否超标，必要时添加或更换润滑油。新车走合期满后应换油一次，以后每运行 6000km 或使用半年换油一次。放油时应在油温未降低时进行。放净后用柴油或

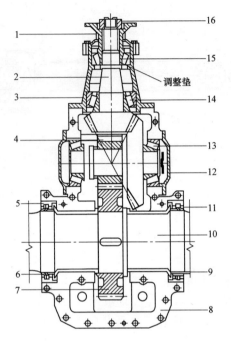

图 2.7-6 车轴齿轮箱示意图

1—传动轴突缘；2—主动圆锥齿轮；3—前箱体；4—主动圆柱齿轮；
5—挡油环；6—甩油环；7—被动圆柱齿轮；8—下箱体；
9—滑动轴承；10—车轴；11—毛毡油封；
12—轴承挡板；13、14、15—轴承；16—锁紧螺母

煤油冲洗壳体及齿轮，清洗油底壳放掉清洗油后加入新油，加油时应过滤以保持润滑油的清洁。

2.7.2 液力传动工程车

液力传动工程车是以柴油机为动力，通过柴油机曲轴与液力变速箱或液力变矩器输入轴相连，将动力传递到液力变速箱或液力变矩器输出轴，再通过万向传动轴将动力传递至车轴齿轮箱、车轴和车轮。液力传动式工程车具有无级变速、操纵简单、启动加速平稳、牵引性能良好、工作可靠性好、使用寿命长等优点多用于240kW以上工程车（大功率车辆）。缺点是液力变速箱或液

力变矩器制造技术含量高、造价高、维修保养要求高、机械效率低。

1. 液力传动工程车的主要部件

液力传动工程车传动系统主要由液力变速箱（或液力变矩器）、传动轴、车轴齿轮箱等组成。

（1）液力变速箱（或液力变矩器）

1）基本工作原理 当柴油机启动后，液力变矩器的泵轮被带动高速旋转，此时向变矩器里充进工作油，就会被高速转动的泵轮叶片带动一起转动。由于离心力的作用，使工作油从泵轮叶片流出时具有很高的压力和流速。这样的工作油冲出涡轮叶片，使涡轮与泵轮以相同方向转动，通过齿轮把发动机的输出功率最后传到工程车动轮上，使工程车运行。当工程车启动或低速运行时，液力变矩器中的涡轮转速很低，工作油对涡轮叶片的压力很大，从而满足了工程车牵引力大的要求；当涡轮转速随着行车运行速度的提高而加快时，工作油对涡轮叶片的压力也逐渐减小，正好满足高速行车时对牵引力小的要求。由此，柴油机发出的大小基本不变的扭矩，经过变矩器后就能变成满足机车牵引要求的工程车牵引力。当车辆需要惰性运行或制动时，司机只需操纵手柄，将变矩器中的工作油排出，让它流回油箱，使泵轮和涡轮之间失去联系，发动机的功率就不能传给工程车的动轮了。

工作油作为传递能量的介质，从泵轮上得到高压、高速的能量，传到涡轮，从涡轮叶片流出后，经导向轮叶片的引导，又重新回到泵轮。就这样，工作油从泵轮→涡轮→导向轮→泵轮，组成一个循环圆结构，如此往复循环，不断地把发动机的功率传输给工程车动轮。

2）组成结构

液力变矩器主要由可旋转的泵轮4、涡轮3和导轮5三个元件组成（图2.7-7）。泵轮通过泵轮轴、齿轮等与柴油机的曲轴相连；涡轮通过涡轮轴、齿轮等与车辆的动轮相连；导向轮固定在变矩器的壳体上。

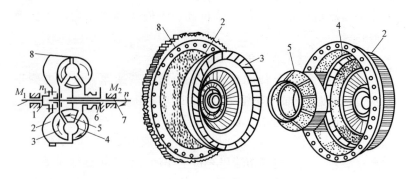

图 2.7-7 液力变矩器构造简图
1—发动机曲轴；2—变矩器壳；3—涡轮；4—泵轮；5—导轮；
6—导轮固定套筒；7—从动轴；8—启动齿圈

3）传动轴万向节 传动轴能适应输入和输出轴间的角度和长度的不断变化，其主要组成有万向节主、被动叉、十字轴、滚针轴承。图 2.7-5 为传动轴结构图。

传动轴在使用过程中，为了避免传动轴受外力撞击变形而失去平衡，影响使用寿命，应注意检查传动轴的弯曲、变形和平衡情况，必要时予以校正。如发现损坏严重时，应及时更换传动轴总成。

拆装传动轴时，应注意套管叉和花键轴的相对位置，必须保证套管叉与花键轴上的叉轭在一个平面内，传动轴在出厂前已做过动平衡试验，在套管上焊有平衡块，因此在拆装时要做好标记，原样装好，以免破坏传动轴的平衡。十字轴应能在轴承内自由转动，不应有卡滞现象。

传动轴每行驶 1500km 应进行一次 3 号锂基润滑脂补充，以保证十字轴与滚针轴承、花键套与花键轴等摩擦副的润滑，同时要经常检查连接螺栓、保险垫片的状态是否正常以及传动轴的万向节、十字轴及花键轴的磨损情况。

4）车轴齿轮箱

① 车轴齿轮箱的结构

车轴齿轮箱是整个传动系统中的最后部分。它的作用是传递和增大到车轮的扭矩，并将绕车体纵轴的转动变成绕车轴轴线的转动。

其车轴齿轮箱的输入端与液力传动箱输出端用万向轴联接在一起,通过齿轮传动最终驱动轮对。车轴齿轮箱有一级车轴齿轮箱(Ⅰ轴)(图2.7-8)和二级车轴齿轮箱(Ⅱ轴)(图2.7-9)。二级车轴齿轮箱(标识:0306型)为双级减速,第一级是高速级传动;第二级是低速级传动。一级车轴齿轮箱(标识:0307型)是低速级传动。

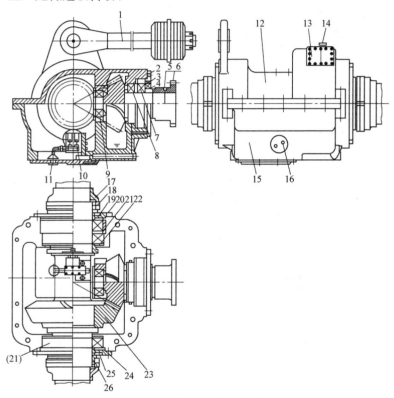

图 2.7-8　一级车轴齿轮箱

1—拉臂总成;2—油封盖;3—密封圈;4—挡油板;5—齿轮轴;6—输入法兰;7—轴承;8—轴承;9—轴承;10—齿轮泵;11—放油螺;12—上箱体;13—检查孔;14—透气孔;15—下箱体;16—油位螺钉;17—钢套;18—圆螺母;19—密封圈;20—轴承;21—轴承;22—油泵齿轮;23—螺旋锥齿轮;24—油封盖;25—挡油板;26—紧套

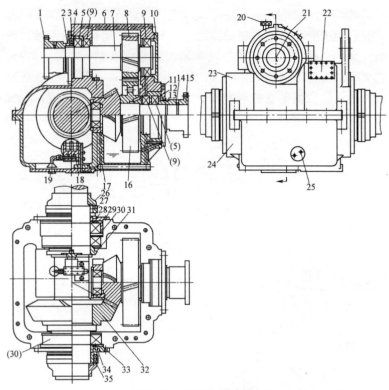

图 2.7-9 二级车轴齿轮箱

1—输入法兰；2—油封盖；3—密封圈；4—挡油板；5—轴承；6—上箱体；
7—第一轴；8—主动斜齿轮；9—轴承；10—端盖；11—油封盖；12—挡油板；
13—密封圈；14—齿轮轴；15—输出法兰；16—被动斜齿轮；17—轴承；
18—齿轮泵；19—放油螺塞；20—透气孔；21—一轴检查孔；22—二轴检查孔；
23—中箱体；24—下箱体；25—油位螺钉；26—钢套；27—圆螺母；28—密封圈；
29—轴承；30—轴承；31—油泵齿轮；32—螺旋锥齿轮；
33—挡油板；34—油封盖；35—紧套

② 结构及调整

二级车轴齿轮箱的低速级传动和一级车轴齿轮箱相同。以下仅以二级车轴齿轮箱说明其结构及调整。车轴齿轮箱箱体为开式，由上、中、下箱体组成，箱壁上开有润滑油道，润滑油通过箱壁油道对滚动轴承润滑。上箱及中箱各装有一个通气孔，可使箱体内与大气相通和兼作加油口使用。上箱体、中箱体上均设有一个检视孔，用以检查齿轮啮合情况。

下箱体后部侧面有两个油位螺钉，用来检查润滑油油量。下箱体及油底壳上各有一个放油孔，平时用油堵封闭。

车轴齿轮箱共有三根轴。即第一轴（输入轴）、第二轴（中间轴）和第三轴（车轴）。第一轴上安装有输入法兰及小斜齿轮，法兰一侧装有一个向心球轴承，用以承受轴向力。中间轴位于中、下箱体的分箱面上。中间轴为螺旋齿轮轴，外侧压装一个大斜齿轮，与第一轴上的小斜齿轮啮合。

为了调整螺旋锥齿轮对的侧隙和锥顶的对中，在中间轴的外侧及车轴两端均装有调整垫片，侧隙控制在 $0.25 \sim 0.30$mm 之间。

拉臂是联结车轴齿轮箱同转向架的受力构件。拉臂轴线平行于钢轨，其一端与箱体拉臂耳座之间用关节轴承构成铰链连接，使车轴箱在车轴上可以作微量摆动；另一端通过多片橡胶金属缓冲垫用螺母紧固在转向架构架上，以适应可能出现的相对运行及吸收运行中的冲击负荷。

2. 油泵及润滑

齿轮油泵能完成正反向的泵油，满足前进、后退两种工况的需要。换向阀中有四个球阀，球阀的交互开启、关闭完成换向功能。车轴齿轮箱采用飞溅润滑和压力油润滑两种方式；当低速运行时主要由油泵提供润滑油各润滑点，保证润滑和带走热量；中高速运行时，啮合齿轮飞溅起来的油被收集在上箱的集油槽内，流向各润滑点。

车轴齿轮箱内装有润滑油，使用过程中应经常检查油量是否满足要求，油中杂质含量是否超标，必要时添加或更换润滑油。

新车走合期满后应换油一次，以后每运行 6000km 或使用半年换油一次。放油时应在油温未降低时进行。放净后用柴油或煤油冲洗壳体及齿轮，清洗油底壳放掉清洗油后加入新油，加油时应过滤以保持润滑油的清洁。

2.7.3 电传动工程车

电传动工程车采用交-直流电传动，具有功率大、牵引能力强、技术先进、大修周期长、维修方便、运用成本低等优点，但整车构造复杂，制造成本高。电传动工程车传动系统主要由同步牵引发电机、整流装置、牵引电动机等组成。

1. 同步牵引发电机

也称同步主发电机。一般有两种结构形式：(1) 旋转电枢式；(2) 旋转磁极式。绝大多数的同步电机，特别是功率较大的电机，都采用旋转磁极式的结构。图 2.7-10 (a) 所示是旋转磁极式同步发电机的原理结构图。在它的定子铁芯中嵌有互相距离 120°电角度的三相对称绕组 AX，BY，CZ，称为电枢绕组。在电机的转子上绕有励磁绕组，当直流电流通过电刷和滑环送入励磁绕组时，使转子磁极产生极性不变的 N 极和 S 极，在气隙中形成一对磁极的主磁场。在电机制造时，只要正确设计转子磁极的极弧形状，使气隙中的磁通密度按正弦分布，当柴油机拖动转子旋转时，定子绕组与转子磁场之间产生相对运动，根据电磁感应原理，在定子绕组中将产生按正弦规律变化的感应电势。由于定子上的三相绕组匝数相同而在空间又互差 120°电角度，并且都在同一对磁极的作用下，因此在三相绕组中的感应电势波形大小和频率均相同。相位互差 120°电角度，即为三相对称电势，其波形见图 2.7-10 (b) 所示。

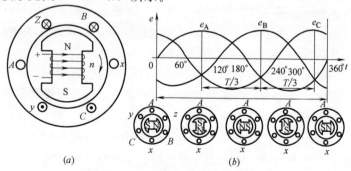

图 2.7-10 同步牵引发电机相位

2. 整流装置

在交-直电传动电力工程车中，同步牵引发电机发出的交流电经整流装置输出直流电，供给直流牵引电动机，驱动机车。

在交-直-交电传动电力工程车中，同步牵引发电机发出的交流电经整流装置输出直流电，再经逆变器转变成频率可调的交流电，供给交流牵引电动机，驱动机车。

3. 牵引电动机

牵引电动机是电传动机车的重要部件之一，它安装在转向架上，通过传动装置与轮对相连。工程车在牵引状态运行时，牵引电动机将电能转换成机械能，通过轮对与钢轨产生牵引力，并通过轮对驱动工程车运行。当工程车在电制动状态下运行时，牵引电动机转换成发电机将机械能转成电能，通过轮对与钢轨产生制动力。牵引电动机的工作条件十分恶劣，主要表现在以下几方面。

（1）工作环境恶劣

牵引电动机悬挂在转向架上，经受着灰尘、雨雪的侵蚀和不断变化的环境温度并承受着来自轮轨间的冲击和振动。

（2）负载变化频繁

牵引电动机要按工程车运行的需要，不断改变工况：机车启动、爬坡时，电机在大电流下工作；工程车高速牵引运行时，磁场削弱过深；机车下坡或阻力减小时，电机转速会超过额定值。所有这些都会使电机换向恶化。

（3）空间限制牵引电动机位于两轮对之间，其轴向、径向尺寸都受限制。又需要单位体积的输出功率大，所以要求电机结构紧凑和采用高性能绝缘材料及导磁材料。

（4）动力作用大牵引电动机承受着来自机车轮轨动力作用产生的冲击、振动。

3 工程车检修工岗位操作技能

3.1 过渡车钩的拆装作业

1. 过渡车钩的来由
（1）工程车车钩：沿用铁路上的机车车辆使用的13号缓冲车钩。
（2）电客车车钩：永久性牵引杆和半永久性牵引杆。
（3）为了实现工程车车钩与电客车车钩的安全连接牵引而设置的中间连接装置就叫过渡车钩

2. 过渡车钩的安装方法
（1）首先由两个人以上将过渡车钩的挂在13号车钩上；
（2）其次推动钩舌将13号车钩推至闭锁位；
（3）最后检查过渡车钩安装的牢固性。

3. 过渡车钩的拆除方法
（1）首先由一人两手抓牢安装在13号车钩上的过渡车钩；
（2）另一人手提13号车钩的钩提杆，使13号车钩处于半开位；
（3）两人抓牢过渡车钩，向外拉动，使13号车钩处于全开位，抬起过渡车钩并取出。

4. 安装注意事项
（1）由于过渡车钩比较沉重，在搬运和安装的过程中应加派足够人员防止意外砸伤；
（2）工作环境复杂防止意外伤害。

3.2 JZ-7型空气制动机"七步闸"试验

1. 工程车JZ-7型制动机全面检查程序（"七步闸"试验）

(表 3.2-1)

工程车 JZ-7 型制动机全面检查程序　　　　表 3.2-1

缓解形式	操作步骤	自阀							单阀			
		过充位	运转位	最小减压位	(制动区)	最大减压位	过量减压位	手柄取出位	紧急制动位	单独缓解位	运转位	(制动区)(小)	全制动区
一次缓解	一		(1)	(2)		(3)				(4)	(5)		
			(6)										
	二		(7)		(8)								
			(9)										
	三		(12)	(11)		(10)							
	四	(14)		(15)		(13)							
	五		(19)				(16)			(17)	(18)		
	六										(22)	(20)	(21)
	七											(24)	(23)

2. 工程车 JZ-7 型制动机七步闸试验检查步骤、重点及技术要求

(1) 主要检查各部件调整压力、制动管最小减压量是否符合规定要求；制动及阶段制动是否正常；制动缸压力是否按比例上升，单独缓解作用良否；单阀手柄是否能自动恢复运转位；自阀手柄移回运转位，充风缓解作用是否正常。其单项重点检查及技术要求如下：

1) 自、单阀手柄均在运转位,检查各风表指针应指示规定压力。总风缸压力为750～900kPa,均衡风缸、制动管、工作风缸压力均为货车500kPa;制动缸压力为0。

2) 自阀手柄由运转位移至最小减压位,均衡风缸、制动管减压50kPa,制动缸压力为120kPa;保压1min,制动管漏泄量不应超过20kPa。

3) 由2至3自阀手柄在制动区分3～4次阶段右移至最大减压位,检查阶段制动应正常,制动管减压与制动缸增压成1:2.5。均衡风缸、制动管减压量为140kPa,制动缸压力为340～360kPa。

4) 单阀手柄由运转位推至单缓位,工作风缸压力下降至制动管压力;制动管压力应缓解到0kPa。

5) 检查单阀手柄复原弹簧作用应良好:手离开单阀手柄,手柄应自动恢复到运转位;此时制动缸压力允许回升,但1min内不应超过100kPa。

6) 自阀手柄由最大减压位移回运转位,检查均衡风缸、制动管、工作风缸应恢复定压,自阀缓解作用应良好。

(2) 主要检查自阀最大减压作用,其单项重点检查及技术要求如下:

1) 由6～7须间隔10s,待分配阀各缸与气室充满风后在制动。

2) 自阀手柄由运转位移至最大减压位,均衡风缸减压140kPa,排风时间应为5～7s;制动管减压140kPa,制动缸压力由0升至340～360kPa,其升压时间为6～7s。

3) 自阀手柄由最大减压位移至运转位,检查缓解作用良否:制动缸压力由350kPa下降到35kPa的时间应为5～7s;均衡风缸、制动管应恢复定压。

(3) 主要检查自阀过量减压位的作用,不应发生紧急制动作用;检查总风遮断作用。其单项重点检查及技术要求如下:

1) 自阀手柄由运转位移至过量减压位，检查均衡风缸及制动管减压量应为240~260kPa；制动缸压力为350kPa；不应产生紧急制动作用。

2) 自阀手柄由过量减压位移至最小减压位，均衡风缸复升至最小减压量压力，而制动管压力保持不变；检查总风遮断阀作用是否良好，不允许制动管有压力回升现象。

3) 将自阀手柄由最小减压位移回运转位，均衡风缸及制动管恢复定压，制动缸压力下降到0，检查缓解作用应良好。

(4) 主要检查自阀手柄取出位的作用；检查过充作用及消除过充压力的能力。其单项重点检查及技术要求如下：

1) 自阀手柄由运转位移至手柄取出位，均衡风缸减压量为240~260kPa；制动管不应减压；检查中继阀自锁作用应良好。

2) 自阀手柄由手柄取出位移至过充位，均衡风缸恢复定压；制动管和工作风缸压力比定压高30~40kPa；过充风缸排风孔不断排风；检查过充作用应正常。

3) 将自阀手柄由过充位移回运转位，制动管、工作风缸的过充压力应在120s内自动消除降至定压，机车不引起自然制动。

(5) 主要检查自阀紧急制动作用，单阀的单缓作用及自动撒砂作用。其单项重点检查及技术要求如下：

1) 自阀手柄由运转位移至紧急制动位，制动管压力在3s内降至0；制动缸压力在5~7s内升至420~450kPa；均衡风缸减压量为240~260kPa；检查自动撒砂作用应正常。

2) 将单阀手柄由运转位推至单缓位，工作风缸压力下降，待10~15s压力下降至180kPa时制动缸方开始缓解，并逐渐降至0。

3) 单阀手柄复原作用应良好。

4) 自阀手柄由紧急制动位移回运转位，缓解作用应正常。

(6) 主要检查单阀作用，其单项重点检查及技术要求如下：

1) 单阀手柄由运转位右移至制动区最小"减在位"，制动缸压力不应超过50kPa；检查单阀单独制动作用应良好。

2) 由 20~21 单阀手柄分 3~4 次阶段右移至全制动位，制动缸压力阶段上升，检查阶段制动应稳定；制动缸压力应升至 300kPa。

3) 单阀手柄由全制动位分 3~4 次阶段左移至运转位，制动缸压力应阶段下降，检查阶段缓解应稳定；制动缸压力应降至 0。

(7) 主要检查单阀全制动作用及一次缓解作用，其单项重点检查及技术要求如下：

1) 单阀手柄由运转位直接移至全制动位，制动缸升压至 280kPa 的时间不超过 3s；检查单阀全制动作用，制动缸压力应达 300kPa。

2) 单阀手柄由全制动位移回运转位，制动缸由 300kPa 降至 35kPa 的时间不应超过 4s；检查单阀的一次缓解作用，制动缸压力应逐渐降至 0kPa。

4 工程车检修工安全生产规章

1. 作业通用安全守则

(1) 事故十防

1) 防止人员误进轨行区、违规携带易燃、易爆、化学危险品进站乘车。

2) 防止错办进路、错发调度命令,未确认信号、道岔、进路动车。

3) 防止列车超速运行、错开车门、开门走车、夹人夹物走车。

4) 防止列车冲突、脱轨、追尾、冒进信号。

5) 防止车辆制动系统失灵、悬挂装置脱落。

6) 防止道岔失控、信号显示错误。

7) 防止接触轨触电伤亡,接触网错送电、漏停电。

8) 防止发生弓网事故、轮轨事故。

9) 防止感应板、电机超限,施工清场不彻底。

10) 防止重点部位火灾及消防联动设备失效。

(2) 各岗位消防"三懂三会"

1) 懂得本岗位火灾危险性;懂得预防火灾的措施;懂得火灾的扑救方法;

2) 会报警;会使用灭火器;会扑救初起火灾。

(3) 基本安全生产制度和作业纪律

在生产作业过程中,应认真执行"三不动"、"三不离"、"四不放过"、"了解故障三清"、"三懂三会"和"三级检查制度"等安全制度。

(4) 三不动:

1) 未联系登记好不动;

2) 对性能、状态不清楚的设备不动;

3) 对正在使用中的未经授权的设备不动。

(5) 三不离:

1) 检修完,不复查试验好,不离开;

2) 影响正常使用的设备未修好,不离开;

3) 发现设备、设施异响,不查明原因不离开。

(6) 四不放过:

1) 事故原因没有查清不放过;

2) 事故责任者没有严肃处理不放过;

3) 广大职工没有受到教育不放过;

4) 防范措施未落实到位不放过。

(7) 三懂三会

1) 懂设备性能、会使用;

2) 懂设备结构、会维修;

3) 懂设备原理、会排除故障。

2. 工程车车辆检修作业安全注意事项

(1) 车体两侧检修作业安全注意事项:

1) 做好防溜,确认工程车两端挂好"禁止动车"牌;

2) 作业过程中,小心地面上的积水、油污、障碍物,防止滑倒、绊倒、踏空;

3) 按要求穿戴好劳保用品;

4) 作业完成后清理现场,确认所携带的工具齐全,未遗留在作业现场。

(2) 车底检修作业安全注意事项:

1) 做好防溜,确认工程车两端挂好"禁止动车"牌;

2) 按要求穿戴好劳保用品;

3) 作业过程中,不要将手及物品放在钢轨上;

4) 车底作业行走过程中注意地沟隔栅;

5) 作业完成后清理现场,确认所携带的工具齐全,未遗留在作业现场。

(3) 司机室检修作业安全注意事项：

1) 做好防溜，确认工程车两端挂好"禁止动车"牌；

2) 开关门时应注意门外是否有物体或有人；

3) 作业完成后确认电气柜锁闭到位；

4) 作业完成后清理现场，确认各开关、阀件处于正常状态，关闭侧门、司机室门，关闭司机室照明。

(4) 机器间检修作业安全注意事项：

1) 做好防溜，确认工程车两端挂好"禁止动车"牌；

2) 按要求穿戴好劳保用品；

3) 禁止闭合蓄电池开关；

4) 关闭发动机；

5) 当拆卸气动系统的管道、接头或部件时，要先为气动系统放气减压，慢慢拆卸管道、接头或部件卸去残余气压，不要窥视喷嘴或把它指向别人；

6) 当拆卸液动系统的管道、接头或部件时，要先为液动系统放液减压，不要在液压油还热时拆卸管道、接头或部件，慢慢拆卸管道、接头或部件卸去残余液压；

7) 作业完成后清理现场，确认各阀件处于正常状态，关闭机器间两侧门窗，关闭机器间照明。

(5) 车顶检修作业安全注意事项：

1) 做好防溜，确认工程车两端挂好"禁止动车"牌；

2) 作业时必须佩戴安全带，并且高挂低用；

3) 注意检查脚蹬扶手是否牢固；

4) 禁止在两车之间跨越；

5) 作业完成后清理现场，确认所携带的工具齐全，未遗留在作业现场。

(6) 蓄电池检查作业安全注意事项：

1) 做好防溜，确认工程车两端挂好"禁止动车"牌；

2) 作业前确认蓄电池开关在断开位；

3) 禁止将金属器具放在蓄电池跨接板上；

4) 作业完成后清理现场，确认所携带的工具齐全，未遗留在作业现场。

(7) 拆接风管安全注意事项：

1) 作业前确认折角塞门处于关闭位置；

2) 作业时侧向面对风管连接处；

3) 打开折角塞门时，尽量远离风管连接处；

4) 作业完成后清理现场，确认所携带的工具齐全，未遗留在作业现场。

(8) 车钩检查作业安全注意事项：

1) 做好防溜，确认工程车两端挂好"禁止动车"牌；

2) 穿戴好劳保用品，戴好安全帽；

3) 注意防止夹伤；

4) 作业完成后清理现场，确认所携带的工具齐全，未遗留在作业现场。

(9) 轮对测量作业安全注意事项：

1) 做好防溜，确认工程车两端挂好"禁止动车"牌；

2) 测量工具要轻拿轻放，防止碰撞；

3) 作业完成后清理现场，确认所携带的工具齐全，未遗留在作业现场。

(10) 制动机、风表、安全阀更换作业安全注意事项：

1) 作业前确认发动机处于停机状态；

2) 确认司机操纵台已放置"禁止操作"牌；

3) 确认压力空气已排净；

4) 确认要更换的配件检验合格并且检验期限没有到期；

5) 风表要轻拿轻放，防止碰撞；

6) 作业完成后清理现场，确认所携带的工具齐全，未遗留在作业现场。

(11) 换油作业安全注意事项：

1) 做好防溜，确认工程车两端挂好"禁止动车"牌；

2) 作业前准备好盛放废油的容器，不要把废油倒在地上或排水沟里；

3）放油时由于油温较高应避免手直接接触放油口；

4）加油时注意所有注油工具干净清洁，避免污染；

5）加油时注意防止液体飞溅入眼；

6）注意地面油污、液体，防止滑倒；

7）作业完成后清理现场，确认所携带的工具齐全，未遗留在作业现场。

(12) 空气滤芯清洁作业安全注意事项：

1）穿戴好劳保用品，戴好安全帽、口罩；

2）用压缩空气清洁滤芯时，注意防止灰尘或杂质飞入眼睛及口鼻中；

3）禁止将喷嘴指向自己或别人；

4）禁止使用压力过高的压缩空气，防止滤纸破损；

5）作业完成后清理现场，确认所携带的工具齐全，未遗留在作业现场。